★★
BALANCE
SHEET

知識ゼロからの
An Introduction of Reading Accounting Books for Beginners

★★
A STATEMENT
OF PROFIT
AND LOSS

決算書の読み方

An Introduction of Reading Accounting
Books for Beginners　Kenshi Hirokane

千代田パートナーズ会計事務所・監修
弘兼憲史

幻冬舎

第1章
決算書から何を読む？
会社の真実の姿は決算書から見えてくる……9
決算書とは1　決算書とは会社の経営状態がわかる成績表……10
決算書とは2　どのような書類を、誰のために作るのか……12
決算書とは3　決算書が作られる時点と期間の基本ルールを知る……14
貸借対照表　会社の底力は「財産」で決まる……16
損益計算書　会社の勢いは「儲け」で決まる……18
キャッシュ・フロー計算書　会社が本当にもっているお金が見える……20

第2章
貸借対照表
会社の底力は「財産」で決まる……23
貸借対照表　小分けして読むことが理解への早道……24

資産の部　貸借対照表の左側、借方に表されるのが資産……26

負債の部・純資産の部　貸借対照表の右側、貸方に表されるのが負債と純資産……28

流動資産　「流動」とはもうすぐお金になるという意味……30

たな卸資産・その他流動資産　在庫も家賃の前払いも大切な資産と考える……32

POINT1　たな卸資産の扱い……34

固定資産　三つをまとめ、償却できるか否かを見る……36

POINT2　減価償却の算定の仕方……38

有形固定資産　読んで字のごとく、目に見える形のある資産……40

無形固定資産・投資等その他の資産　目に見えない資産とハイリスクな資産……42

POINT3　有価証券の区分は目的による……44

繰延資産　価値がないのに資産とされる繰延資産……46

貸倒引当金　資産のなかで唯一マイナス項目となる貸倒引当金……48

流動負債　会社の運転資金がわかる流動負債……50

固定負債　大きな買い物に使う固定負債……52

POINT4　多額の支払いに備える引当金……56

資本金・剰余金　株主のお金、自分で稼いだお金が資本を担う……58
資本準備金・利益準備金　会社法に定められた、万が一に備える「準備金」……60
POINT5　黒字と赤字で表記が違う……62

第3章 損益計算書
会社の勢いは「儲け」で決まる……65

損益計算書の構造　まず「いつもの儲け」と「特別な儲け」に分ける……66
損益計算書　損益計算書を攻略する3・5・5の分類……68
売上高　本業で稼いだお金を最初に見る……70
売上原価　仕入れにかかるお金、モノ作りにかかるお金……72
売上総利益　商品、製品の魅力が売上総利益に表れる……74
販売費及び一般管理費　売るため、管理するためにかかる費用……76
POINT6　人件費と接待交際費……78
営業利益　本業での活動で得た儲けをまとめた営業利益……80

営業外収益・営業外費用　会社は本業以外でも儲けたり、損したり……82

経常利益　最も重要視されているといっても過言ではない利益……84

特別利益・特別損失　アンビリーバブルな出来事は利益か損失か？……86

法人税、住民税及び事業税　税金を差し引いてたどりつく当期純利益……88

★株主資本等変動計算書　純資産が前期末から当期末までにどう変わったかがわかる……92

★注記表　注記が充実している会社は信用できる……94

第4章 キャッシュ・フロー計算書
会社が本当にもっているお金が見える……97

キャッシュ・フローとは　近年重要性が増している現金の流れを追った計算書……98

キャッシュ・フローの構造　キャッシュ・フロー計算書は大きく見て三層構造……100

営業活動によるキャッシュ・フロー　最も注目すべきは本業による現金の流れ……102

営業活動によるキャッシュ・フロー　「間接法」と「直接法」、二つの方法から求められる……104

投資活動によるキャッシュ・フロー　投資の内容で会社の将来を予測する……106

POINT7 余力があってこそできる設備投資……108
財務活動によるキャッシュ・フロー 「負債」と「資本」の流れで資金繰りがわかる……110
フリーキャッシュ・フロー 会社の価値を決める、「自由に使えるお金」……112
キャッシュ・フローの見方 キャッシュ・フロー計算書は粉飾しにくい構造……114
キャッシュ・フロー計算書の見方 プラスとマイナスの数字の意味を読み取ろう……116

第5章 知識3からの経営分析

決算書を十二分に活用する

……119
分析のポイント 五つの分析ポイント、三つの視点……120
総資本経常利益率・自己資本利益率 二つの経営指標から会社の総合力をはかる……122
収益性分析 商売上手は収益性でわかる……126
売上高総利益率・売上高営業利益率 本業にかかわる収益性を分析する……128
売上高経常利益率 収益性分析の核となる比率、売上高経常利益率……130
効率性分析 よく回転している会社がよい会社……132

総資本回転率・回転期間　少ない総資本でも、多くの売上高を上げることが大切……134
たな卸資産回転率・回転期間　適正在庫を保つことが、効率性のよさにつながる……136
固定資産回転率・回転期間　高額な投資をしたからには効率よく動かす……138
売上債権回転率・回転期間　取引先への売上債権は、回収後すぐに活動資金になる……140
仕入債務回転率・回転期間　返済予定の仕入債務はできるだけ遅く支払う方がよい……142
安全性分析　貸借対照表をもとに、会社の安全性をチェック……144
流動比率・当座比率　支払能力のよしあしをはかる流動比率と当座比率……146
固定比率・固定長期適合率　大きな買い物は自分のお金でしているか……148
自己資本比率　資本の充実こそ、安全性の最大の課題……150
生産性分析　従業員や設備がどれだけの付加価値を生んでいるか……152
労働生産性　従業員一人ひとりが生む価値とは？……154
労働分配率　生産性向上のために人件費をさらにくわしく分析する……158
損益分岐点分析　誰もが気になる、売上高と費用がつり合う点……162
損益分岐点売上高の求め方　会社の具体的な目標は、費用の分解から見えてくる……164
経営安全率・損益分岐点比率　損益分岐点から会社の余裕を見る……166

第6章 連結決算書

グループ会社をひとまとめ……171
連結決算書　企業を集団でとらえ、まとめて成績を見る……172
子会社、関連会社の定義　子会社は「支配」され、関連会社は「影響」を受ける……174
連結貸借対照表　企業集団の財政状態を表す連結貸借対照表……176
連結損益計算書・連結株主資本等変動計算書　企業集団の儲けを表す連結損益計算書……178
連結キャッシュ・フロー計算書　企業集団の資金状況を表す連結キャッシュ・フロー計算書……180

あとがき……182
参考文献……185
さくいん……190

何が起こるかわからない
世の中、自分のことは
自分で責任を
もたないと……

第1章

決算書から何を読む?

会社の真実の姿は決算書から見えてくる

先行きの見えない経済状況のなかで、生き抜くためには、一人ひとりが自分で決断し、実行する心構えをもたなければならない。そのためのツールとして、決算書を読めることは、必ず役に立つ。

おい 売りが すごいぞ
今朝、政府が 発表した経済 政策が裏目に 出たんだよ!

決算書とは会社の経営状態がわかる成績表

3つの計算書をおさえよう

会社の「財産」「儲け」「キャッシュ」を読み解くカギが、それぞれの決算書に記されている。決算書に挙げられている専門用語と数字の意味を知る必要がある。

財産
貸借対照表
ある時点での、会社の財産を表す決算書。会社の財産とは、現金や建物などのプラスの財産だけでなく、借入金などのマイナスの財産のこともいう。それらがどのくらいあるかがわかる。
儲け
損益計算書
ある期間の、会社の利益(儲け)を表す決算書。会社が本業でいくら、財テクなどの副業でいくら儲けたかがわかる。また、資産の売却損や税金の支払いがいくらあって、最終的にどれくらい儲けたかがわかる。

会社は利益を上げるため、日々活動している。その成果を集計した「会社の成績表」ともいえるのが決算書である。

学校の成績表との違いは、成績のよしあしの判断を、我々が決めることにある。決算書を作った人ではなく、見る人が判断するのだ。

仕事をするうえで、自分の会社や取引先の経営状態がどうなのか、誰しも気になるところだろう。また、取引を始めるかどうか判断するとき、決算書は必ず役に立つ。

ひと口に決算書といっても実は、一つの書類ではなく、いくつかの書類から構成されている。

なかでも重要なのは、貸借《たいしゃく》対照表、損益《そんえき》計算書、キャッシュ・フロー計算書の三つである。

決算書から何を読み取る？

1．会社は儲かっているか

自社の経営状態を見る。また、取引先がどれくらい儲けたか、どうやって儲けたかを見ることで、ビジネスの可能性をさぐる。

2．会社は倒産しないか

このご時世ゆえ、儲けがすべて借金の返済に消えていないか要確認。大量の不良債権を抱えていては倒産してしまうからだ。

3．今後伸びる会社か

過去の決算書と比較することにより、業績の伸び、将来性がわかる。自社の軌道修正や取引先として適切かの判断に、この視点は欠かせない。

キャッシュ

キャッシュ・フロー計算書

ある期間の、会社の現金の流れを表す決算書。古くから決算書の２本柱だった貸借対照表と損益計算書に加えて、近年重要視されている。「財産」「儲け」では見えてこない現金の流れがわかる。

決算書は会社の勢いを表してもいる。内容のいい決算書は、何よりの宣伝になる場合もある。

どのような書類を、誰のために作るのか

決算書

決算書というのは通称。正式名称は会社法では「計算書類」、金融商品取引法では「財務諸表」という。定められた法律によって呼び名が違う。

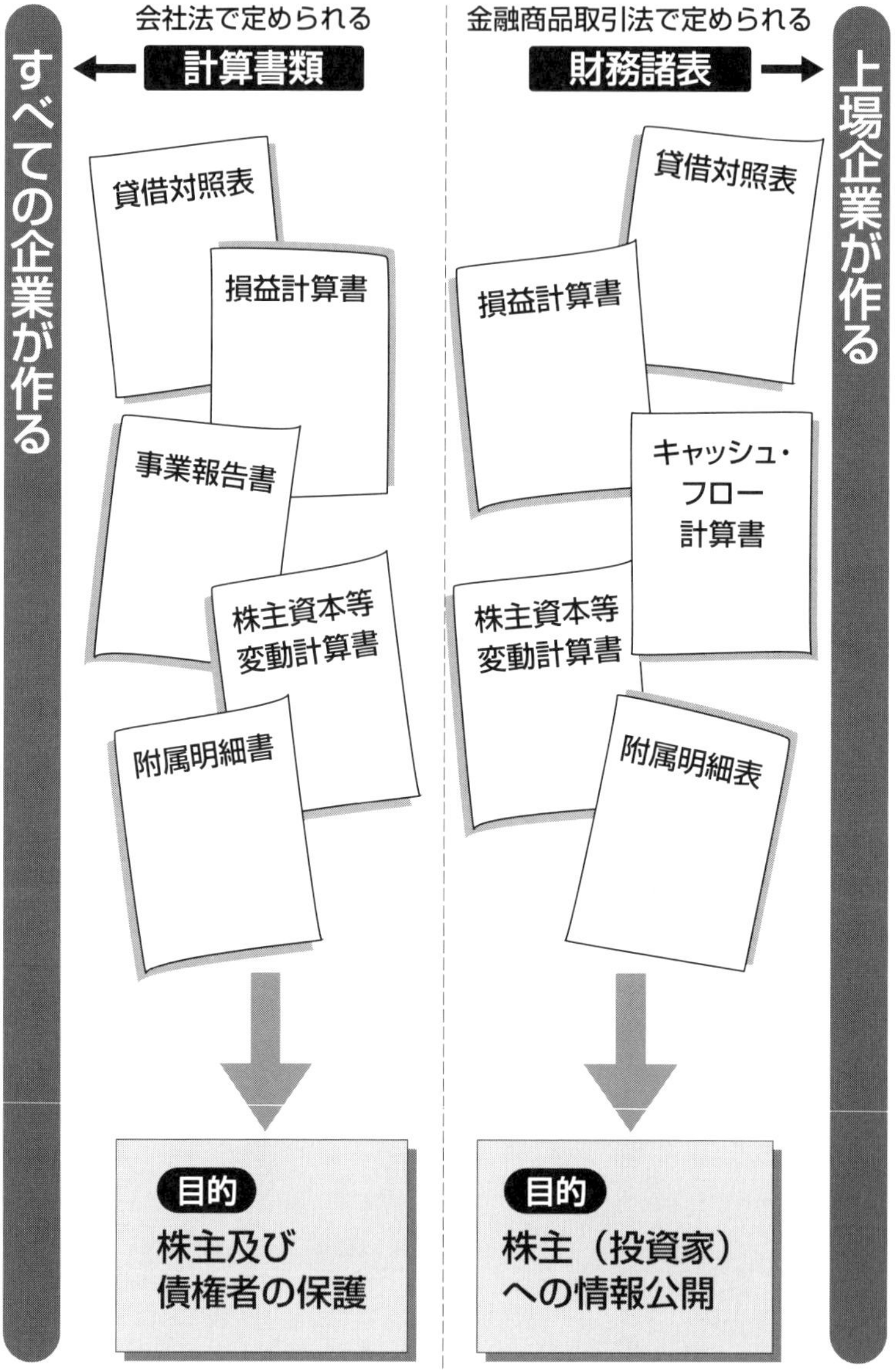

すべての企業が作る
会社法で定められる
計算書類
貸借対照表
損益計算書
事業報告書
株主資本等変動計算書
附属明細書
目的
株主及び債権者の保護
金融商品取引法で定められる
財務諸表
上場企業が作る
貸借対照表
損益計算書
キャッシュ・フロー計算書
株主資本等変動計算書
附属明細表
目的
株主（投資家）への情報公開

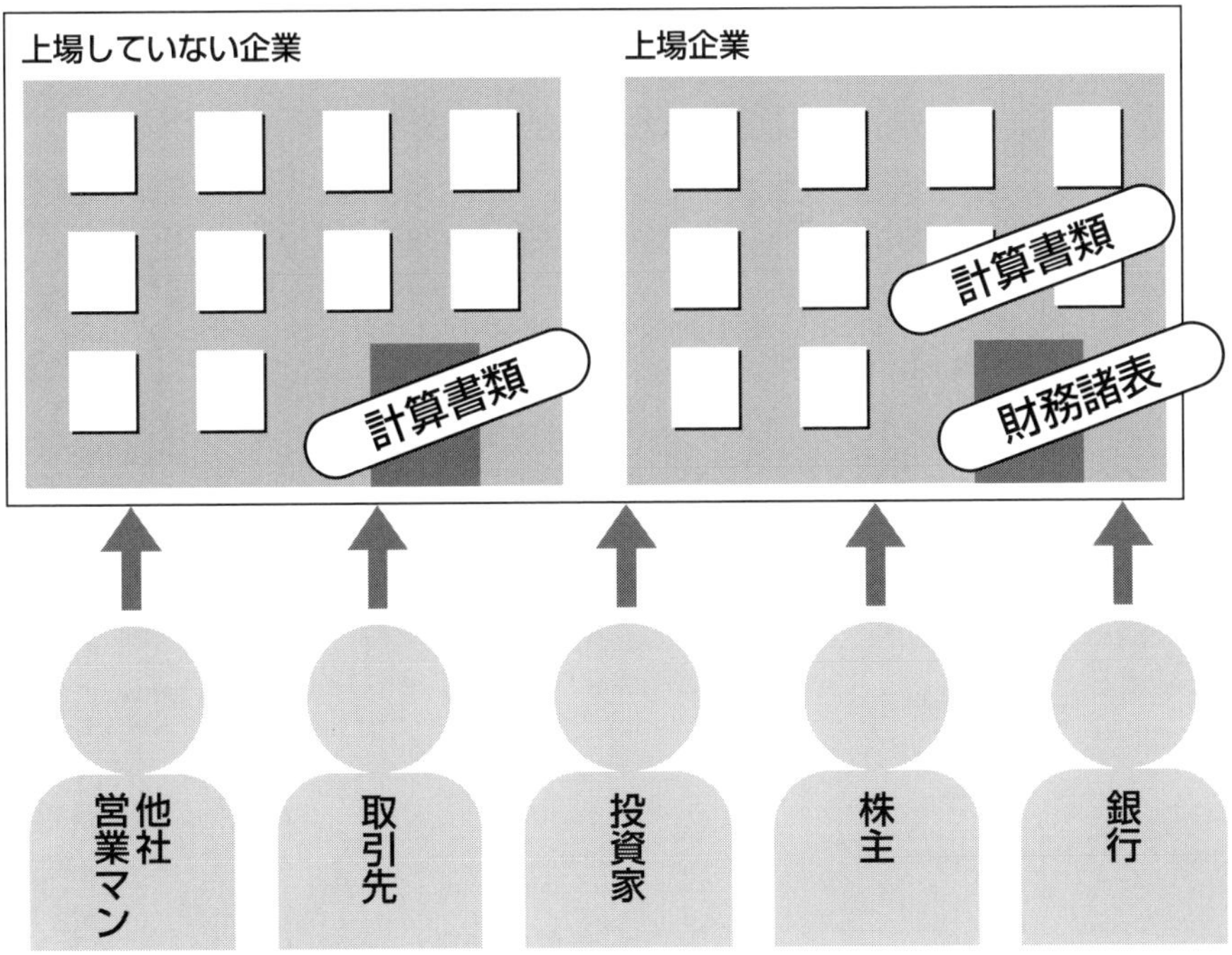

決算書は株式会社の場合、会社の経理部が作り、株主など、会社と利害関係のある人たちが見る。

公告の義務

会社法により、すべての株式会社は決算書を世間に広く知らせる義務がある。これを公告の義務という。

日本では、「会社法」「金融商品取引法」という二つの法律にもとづいて、すべての会社が必ず決算書を作るよう義務付けられている。

実は、決算書という呼び方は通称で、正式には会社法では「計算書類」、金融商品取引法では「財《ざい》務《む》諸表《しょひょう》」と呼ぶ。「現金及び預金」や「売掛金《うりかけきん》」といった決算書を形作る用語（これを会計用語で勘定《かんじょう》科目《かもく》という）に若干違いがあったりするが、それ以上に大きな違いは、債権者保護か投資家への情報公開かという作成目的にある。

また、決算書は会社が自由に作成しているのではなく、会計基準というルールに沿って作成している。そのため、ほかの会社の決算書とも比較できるのだ。

決算書が作られる時点と期間の基本ルールを知る

3月末決算の会社が多い

自由に決められる会計期間ではあるが、学校同様、4月1日から3月31日に設定している会社が多い。ここにも、決算書が会社の成績表と呼ばれる所以がありそうだ。

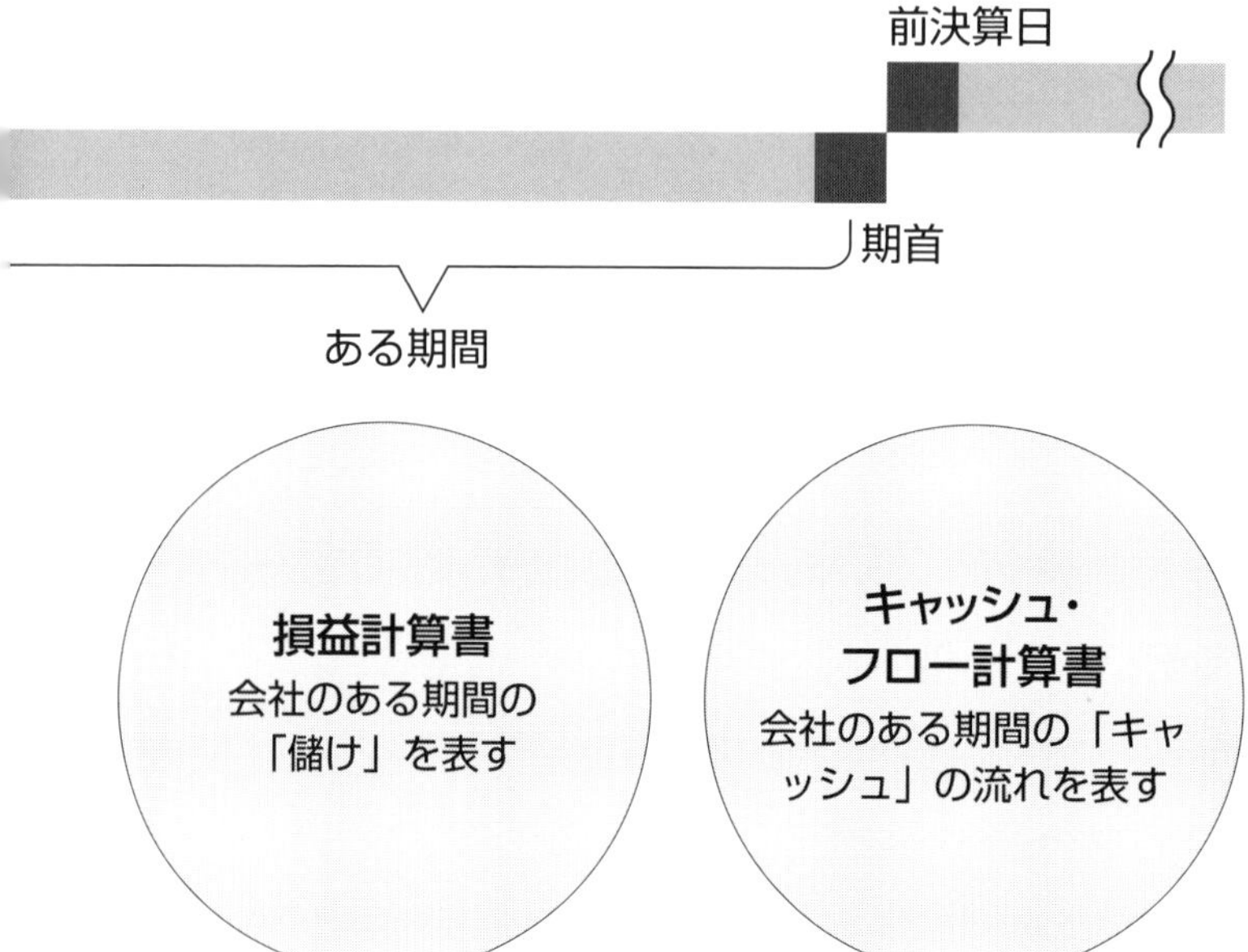
前決算日
期首
ある期間
損益計算書
会社のある期間の「儲け」を表す
キャッシュ・フロー計算書
会社のある期間の「キャッシュ」の流れを表す

決算書は一年に一度は作らなくてはならない。一年以内であれば会社は期間を自由に設定でき、何度作ってもよい。多くの企業は、四月一日〜三月三一日までの期間に区切り、決算書を作っている。

この期間を会計期間といい、期間の最初の日を期首《きしゅ》、最後の日を期末、決算日という。

決算書は会社自らが作るものだが、できたらすぐに発表してよいというものではない。会社の監査役や取締役の承認を得、最終的には、その会社の株をもっている株主に承認してもらう必要があるのだ。そのために株主総会を開く。

株主総会は決算日より三カ月以内に開くことが法律によって義務付けられている。

中間決算、四半期決算もある

通常、1年に1回の作成が義務付けられている決算書ではあるが、株式上場企業については、1年に4回の四半期決算も義務付けられている。

たとえば、ビール業界はそろって1月1日〜12月31日を会計期間としている。

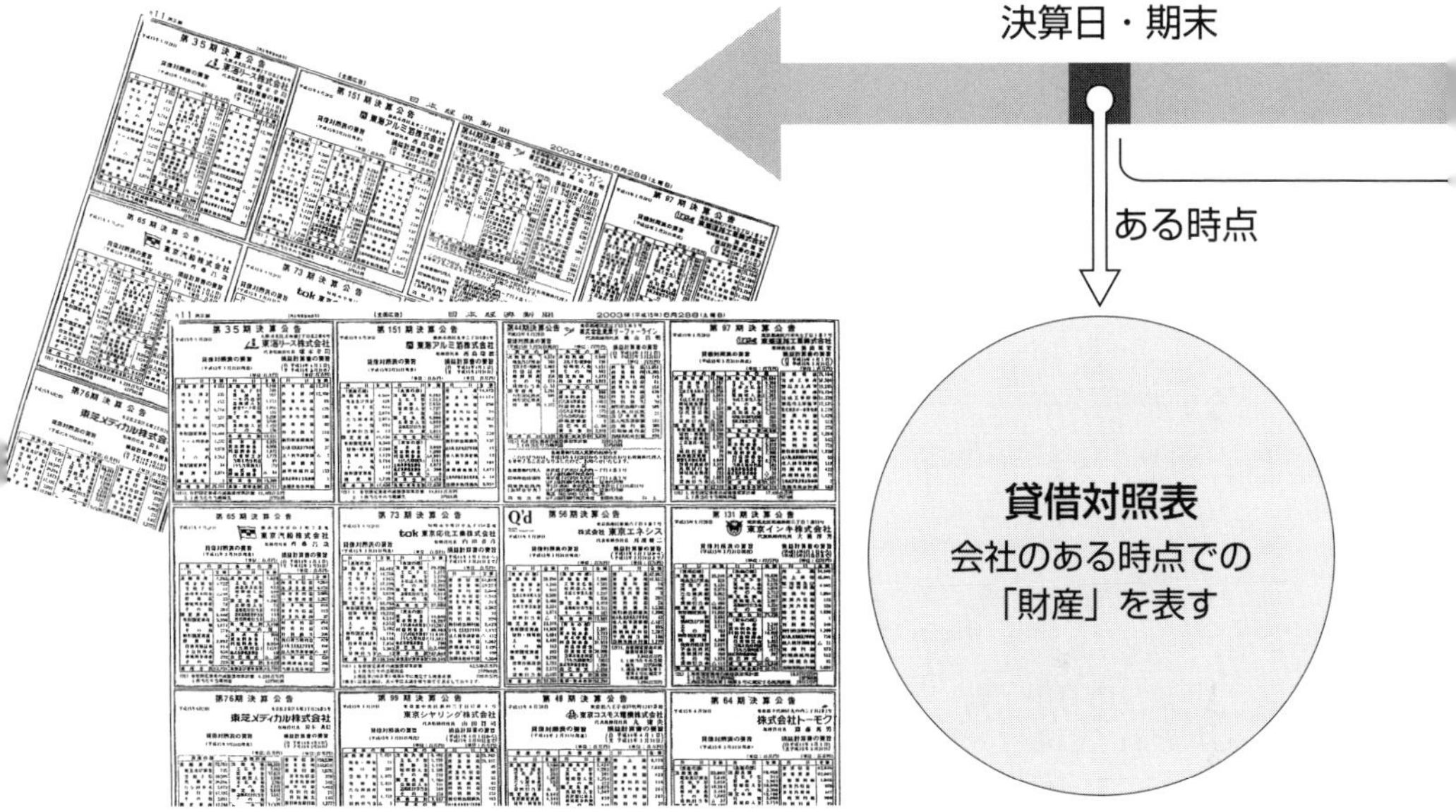

決算日・期末
ある時点
貸借対照表
会社のある時点での「財産」を表す

COLUMN

決算書を手に入れよう

アウトラインがつかめたら、実際に決算書を見てみよう。決算書は、上場している会社であれば一般の人でも手に入れることができる。

身近には各新聞や会社のホームページから手に入る。株主総会の翌日に公告される。

くわしい内容が知りたければ、財務省から発行されている「有価証券報告書」を見るとよい。大きな書店で二〇〇〇円前後で入手できる。これには会社の歴史や役員名など、決算書以外の情報も載っている。

また、決算書から正しい情報を読み取るためには、過去の決算書との比較が欠かせない。最低でも三期分は手に入れよう。

会社の底力は「財産」で決まる

バランス・シートとも呼ばれる貸借対照表

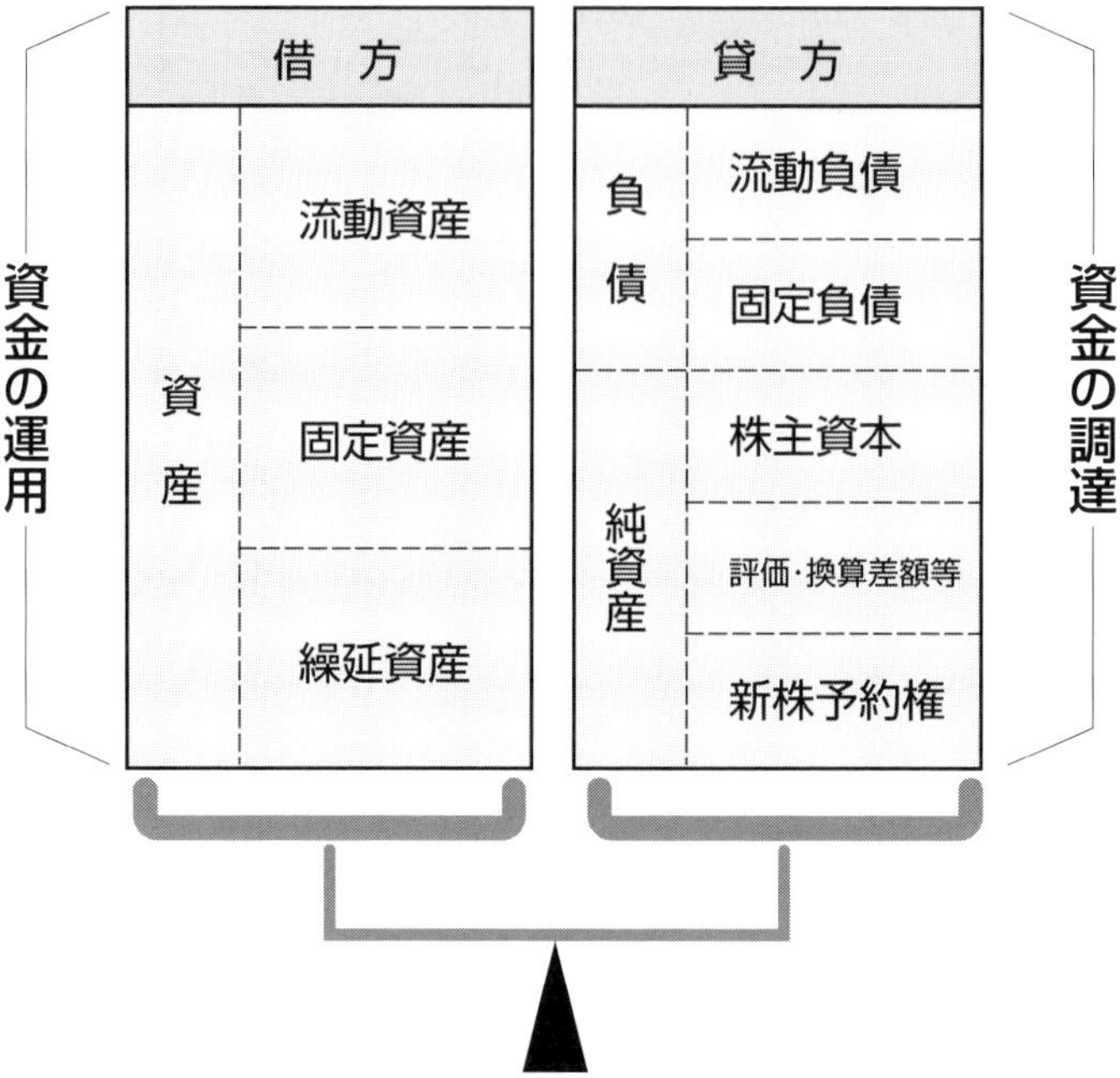

資金の運用（借）と調達（貸）のバランスがとれている（対照している）のでバランス・シート（貸借対照表）という

貸借対照表は、決算日に会社がどんな財産（資産）をどれだけもち、その資産を借金（負債）して手に入れたのか、自分のお金（自己資本）で手に入れたのかを示す。

何にいくらお金を使ったかの運用方法と、そのためのお金（資金）をどこからいくら手に入れたかの調達方法がわかる。

貸借対照表は、左右に分けられ、左側に資産が示される。これを会計用語で借方《かりかた》という。右側に他人から借りたお金である負債、自分で用意したお金である資本が示される。これを貸方《かしかた》という。

貸方にある二通りの資金をいかにうまく運用し、借方をいかに充実させているか、見るべきポイントはここにある。

前決算日
期首
決算日・期末

貸借対照表

平成○○年○月○日現在　　　　（単位：百万円）

科　目	金　額	科　目	金　額
（資産の部）		（負債の部）	
I 流動資産	○○○	**I 流動負債**	○○○
現金及び預金	○○○	支払手形	○○○
受取手形	○○○	買掛金	○○○
売掛金	○○○	短期借入金	○○○
有価証券	○○○	未払法人税等	○○○
たな卸資産	○○○	賞与引当金	○○○
その他流動資産	○○○	その他流動負債	○○○
貸倒引当金	△○○○		
II 固定資産	○○○	**II 固定負債**	○○○
（有形固定資産）	○○○	社債	○○○
建物・構築物	○○○	長期借入金	○○○
機械装置・運搬具	○○○	退職給付引当金	○○○
工具、器具及び備品	○○○	その他固定負債	○○○
土地	○○○	負債合計	○○○
建設仮勘定	○○○		
（無形固定資産）	○○○		
特許権	○○○	（純資産の部）	
営業権	○○○	**I 株主資本**	
商標権	○○○	資本金	○○○
ソフトウエア	○○○	資本剰余金	○○○
その他無形固定資産	○○○	利益剰余金	○○○
（投資等その他の資産）	○○○	自己株式	△○○○
投資有価証券	○○○	**II 評価・換算差額等**	○○○
子会社株式	○○○	**III 新株予約権**	○○○
長期貸付金	○○○		
長期前払費用	○○○		
貸倒引当金	△○○○		
III 繰延資産	○○○	純資産合計	○○○
資産合計	○○○	負債・純資産合計	○○○

財産の内容
現金や建物、商品など

他人資本
銀行など
返さないとならない資金
銀行からの借入金など

自己資本
株主
返さないでよい資金
資本金や過去の儲け

貸借対照表からわかること

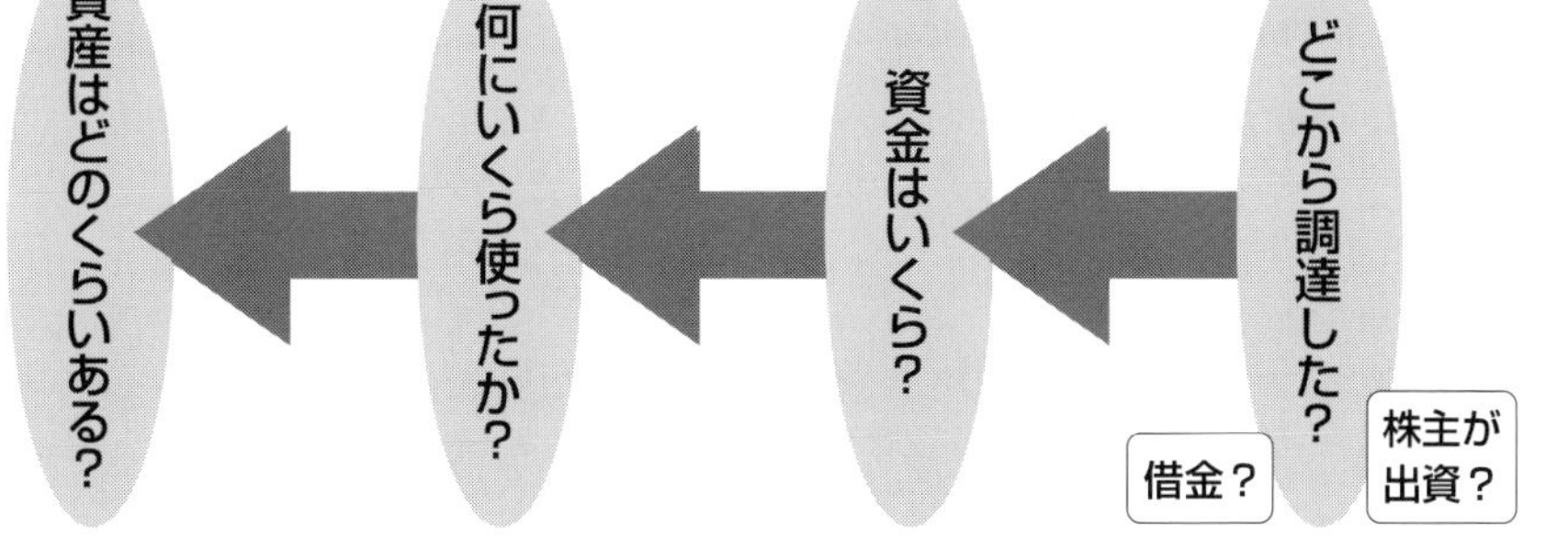

どこから調達した？
株主が出資？
借金？
資金はいくら？
何にいくら使ったか？
資産はどのくらいある？

会社の勢いは「儲け」で決まる

5種類の「儲け」

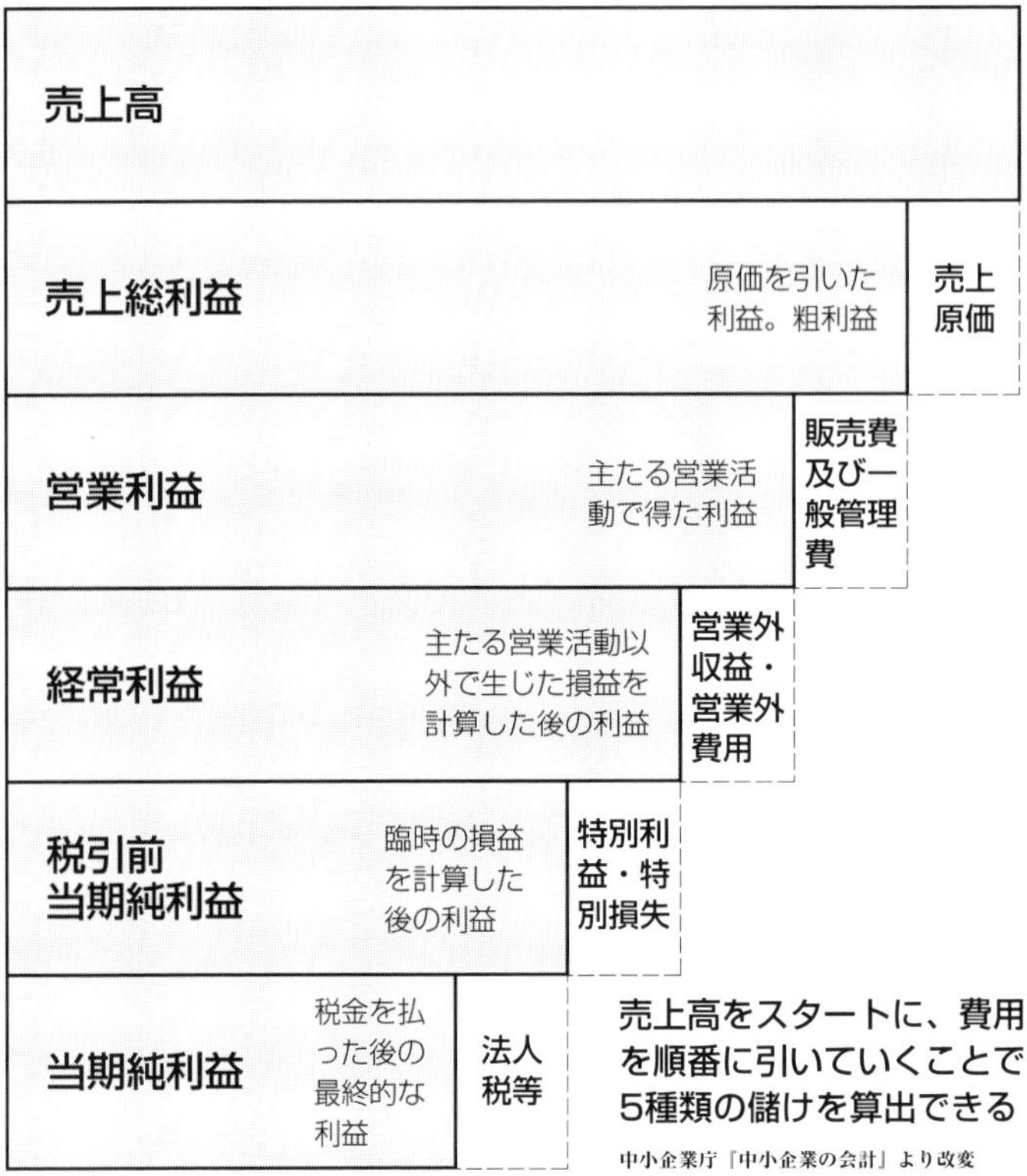
売上高
売上総利益
原価を引いた利益。粗利益
売上原価
営業利益
主たる営業活動で得た利益
販売費及び一般管理費
経常利益
主たる営業活動以外で生じた損益を計算した後の利益
営業外収益・営業外費用
税引前当期純利益
臨時の損益を計算した後の利益
特別利益・特別損失
当期純利益
税金を払った後の最終的な利益
法人税等
売上高をスタートに、費用を順番に引いていくことで、5種類の儲けを算出できる

中小企業庁『中小企業の会計』より改変

損益計算書は会社がある期間でどれだけ儲けたかを表す決算書だ。「収益」「費用」「利益」という言葉が頻繁《ひんぱん》に出てくるが、「儲け」は「利益」をさす。残り二つは、「利益」にプラスに働く要因を「収益」、マイナスに働く要因を「費用」として、「儲け」中心に考えれば、整理しやすい。

「儲け・利益」といっても、何をもってその会社の儲けとするのかが問題となる。つまり、本業で稼いだ金額なのか、財テクなどの副業で稼いだ分も儲けとしてよいのか。あるいは税金を払った残りの金額が本当の儲けなのか。

そこで、損益計算書では儲けを五通りにとらえて、それぞれの金額を示している。

損益計算書
自平成○○年○月○日
至平成○○年○月○日

(単位：百万円)

科　目	金　額	
売上高		○○○
売上原価		○○○
売上総利益		○○○
販売費及び一般管理費		○○○
営業利益		○○○
営業外収益	○○○	○○○
営業外費用	○○○	○○○
経常利益		○○○
特別利益		○○○
特別損失		○○○
税引前当期純利益		○○○
法人税、住民税及び事業税		○○○
法人税等調整額		○○○
当期純利益		○○○

利益　収益　費用

決算書はインターネットからも閲覧できる。

会社が本当にもっているお金が見える

お金の流れだけに目を向ける

書類上の数字ではなく、実際にサイフの中身を記録しておくようなもの。

損益計算書
会社の勢い
会社が、どのくらい儲けたかを見る決算書

貸借対照表
会社の底力
会社の財産が、どのくらいあるかを見る決算書

キャッシュ・フロー計算書
資金の状況
会社が、どのくらい現金をもっているかを見る決算書

上記2つから見えてこない正しい経営実態を把握するために作る。上場企業では平成11年4月1日から作成が義務付けられた。

貸借対照表と損益計算書だけでは見えてこないものがある。それは「キャッシュ」だ。

倒産を余儀なくされた企業のなかにときとして、「貸借対照表」「損益計算書」では黒字として決算されていることがある。これが、よくいわれる「黒字倒産」だ。

決算書の見方を覚えていくなかでわかってくることだが、決算書と現金の流出入は一致しない。黒字で一〇〇〇万円儲かっているからといって、現金が一〇〇〇万円増えているとは限らないのだ。

そこで、「キャッシュ」だけに的をしぼった「キャッシュ・フロー計算書」が必要となってくる。「財産」「儲け」に隠れる、企業の真の姿を知ることができる。

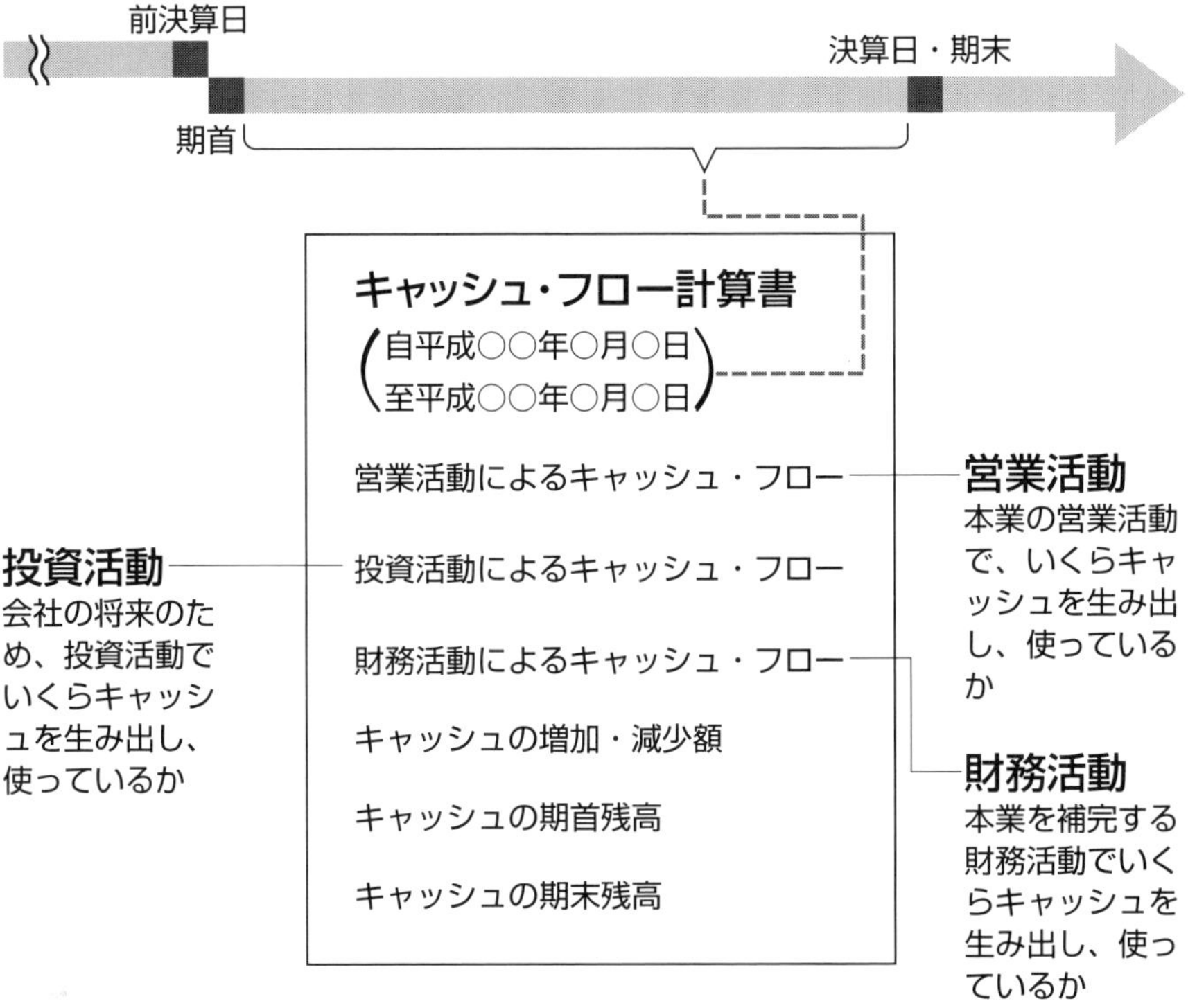

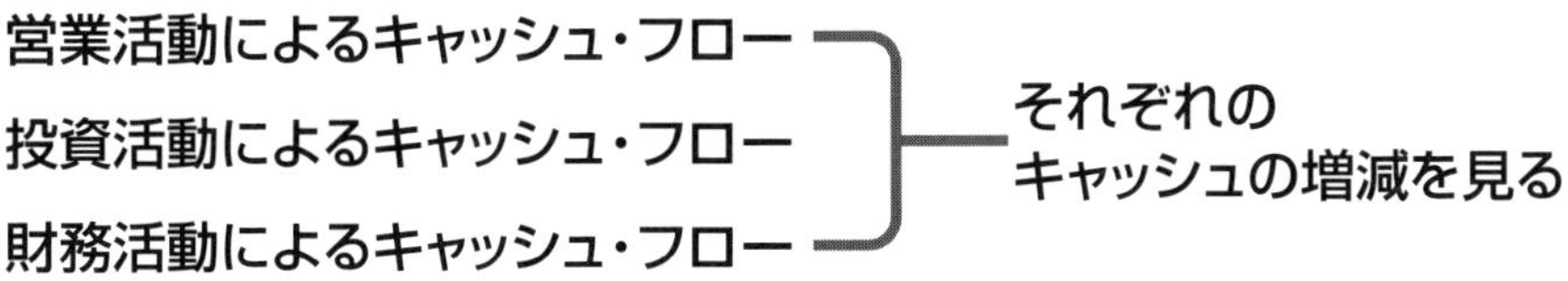

COLUMN

泣くに泣けない黒字倒産

取引先同士でお互いの信頼をもとにして、後で現金を支払う、または現金を受け取ることを約束して、商品の引き渡しをすることを「信用取引」という。

いわゆるツケ払い、掛売りというもので、日本では最も利用されている取引方法だ。

信用取引では、取引の発生から実際に現金が手元にくるまでに時間のズレが生じる。

信用取引をする会社はこの時間のズレを頭に入れておかないと、「儲けてはいるはずだが、現金がない」という状態になってしまう。

この時間のズレのせいで、必要な支払いが遅れてしまい倒産することを「黒字倒産」という。

第2章

貸借対照表

会社の底力は「財産」で決まる

貸借対照表は、決算日時点での会社の「財産」を表す決算書だ。財産を多くもつ会社ほど、底力があり、安定した経営ができる。不況下に、会社がどれだけ耐えられるかどうかを知りたければ、貸借対照表を読めばよい。

交渉は最初から高いテンションのなかで始まった。話し合いはスムーズに進むように見えたが、やはり株価のところで難航

こちらは
1株90ドル
希望だが
ハツシバは
どうですか?

そちらの株式は
9500万株ですから
9500万×90ドル
×1ドル135円として
・・・・
1兆1000億円を
超えてしまいますね
85億5000万
ドルです

小分けして読むことが理解への早道

貸借対照表の構造

借方（左側）に資産、貸方（右側）に負債、純資産を示す。さらに資産と負債は流動と固定に分けられる。

貸借対照表

平成○○年○月○日現在　（単位：百万円）

科　目	金　額	科　目	金　額
（資産の部）		（負債の部）	
Ⅰ流動資産	○○○	**Ⅰ流動負債**	○○○
現金及び預金	○○○	支払手形	○○○
受取手形	○○○	買掛金	○○○
売掛金	○○○	短期借入金	○○○
有価証券	○○○	未払法人税等	○○○
たな卸資産	○○○	賞与引当金	○○○
その他流動資産	○○○	その他流動負債	○○○
貸倒引当金	△○○○		
Ⅱ固定資産	○○○	**Ⅱ固定負債**	○○○
（有形固定資産）	○○○	社債	○○○
建物・構築物	○○○	長期借入金	○○○
機械装置・運搬具	○○○	退職給付引当金	○○○
工具、器具及び備品	○○○	その他固定負債	○○○
土地	○○○		
建設仮勘定	○○○	負債合計	○○○
（無形固定資産）	○○○		
特許権	○○○	（純資産の部）	
営業権	○○○	**Ⅰ株主資本**	
商標権	○○○	資本金	○○○
ソフトウエア	○○○	資本剰余金	○○○
その他無形固定資産	○○○	利益剰余金	○○○
（投資等その他の資産）	○○○	自己株式	△○○○
投資有価証券	○○○	**Ⅱ評価・換算差額等**	○○○
子会社株式	○○○	**Ⅲ新株予約権**	○○○
長期貸付金	○○○		○○○
長期前払費用	○○○		○○○
貸倒引当金	△○○○		
Ⅲ繰延資産	○○○	純資産合計	○○○
資産合計	○○○	負債・純資産合計	○○○

流動資産

固定資産

繰延資産

流動負債

固定負債

資本金

資本剰余金

利益剰余金

受取手形、支払手形、資本金など決算書に並ぶ項目を勘定科目と呼ぶ。

貸借《たいしゃく》対照表は、決算日における会社の財政状態（資産・負債・純資産の状態）を示す。

理解するうえでは、分類して考えるとわかりやすい。まず、全体を資産、負債、純資産の三つに分ける。さらに資産を流動資産、固定資産、繰延資産に、負債を流動負債、固定負債に分け、純資産を資本金と剰余金に分ける。

資産も負債も、「流動」と「固定」に分けてみる。どちらも「流動」が先、次に「固定」という並び方になっている。流動の方が早く換金できるものであり、換金化のスピードを大事に考えるからだ。

換金力は会社の支払能力ともいえるので、会社の信頼度をまず対外的に示しているわけだ。

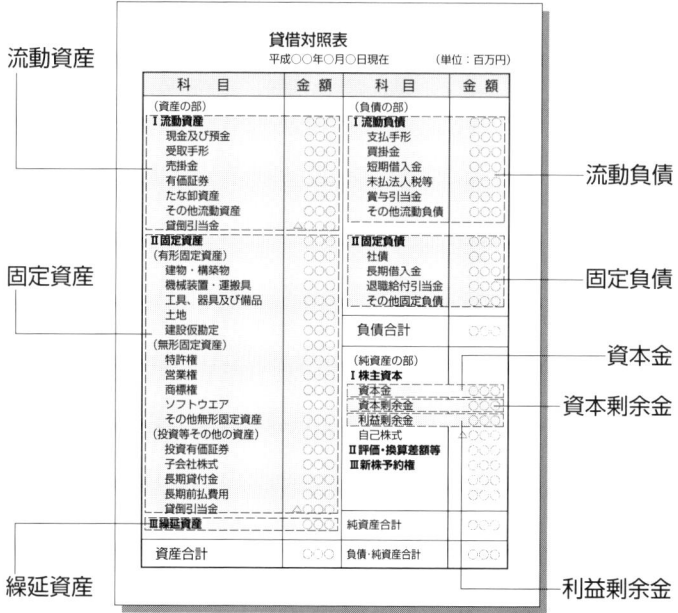

記載の順番

貸借対照表の勘定科目の並び方にはルールがある。各会社によって、好き勝手に並べてよいわけではない。

流動性配列法

日本では資産及び負債を、現金に近い順に並べる「流動性配列法」を原則としている。

固定性配列法

電力会社、ガス会社など固定資産を多くもつ業種では例外として、固定性配列法を用いる場合もある。

流動と固定の区分方法

正常営業循環基準

会社本来の営業活動（仕入れ→製造→販売→回収）の流れのなかにあるもの。

↓

流動

1年基準（ワンイヤールール）

決算日の翌日から1年以内に支払期限、受取期限を迎えるかどうかによる。

1年以内 ↓ **流動**

1年超 ↓ **固定**

COLUMN

底力のある会社とは

財産を表す貸借対照表だが、肝心の財産という言葉はどこにも出てこない。よく似た資産という言葉はあるのにだ。

これは、資産をプラスの財産、負債をマイナスの財産とする会計独特の考え方による。

財産を見るには資産だけではなく負債にも目を配る必要がある。自己資本である「純資産の部」に注目だ。

自己資本というのは、株主から提供された資金と、会社自身が稼いだ利益の一部を貯めたものからなる。つまり、負債と違って返済の義務のない資本のことである。

会社を動かすお金を金融機関などからの借入でなく、自らの力で調達できてこそ、底力のある会社といえる。

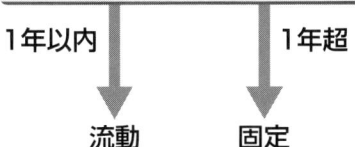

貸借対照表

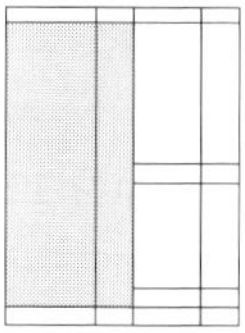

貸借対照表の左側、借方に表されるのが資産

お金やモノだけが資産ではない

将来に利益をもたらす可能性があり、企業の経営活動に役に立つものは皆、資産と考える。

（資産の部）	
Ⅰ流動資産	○○○
現金及び預金	○○○
受取手形	○○○
売掛金	○○○
有価証券	○○○
たな卸資産	○○○
その他流動資産	○○○
貸倒引当金	△○○○
Ⅱ固定資産	○○○
（有形固定資産）	○○○
建物・構築物	○○○
機械装置・運搬具	○○○
工具、器具及び備品	○○○
土地	○○○
建設仮勘定	○○○
（無形固定資産）	○○○
特許権	○○○
営業権	○○○
商標権	○○○
ソフトウエア	○○○
その他無形固定資産	○○○
（投資等その他の資産）	○○○
投資有価証券	○○○
子会社株式	○○○
長期貸付金	○○○
長期前払費用	○○○
貸倒引当金	△○○○
Ⅲ繰延資産	○○○

1年基準
（ワンイヤールール）
正常営業循環基準
によって
流動
と
固定
を区分する

貸借対照表の左側、会計用語で借方《かりかた》と呼ばれるところにあるのが、資産である。資産は三つに分けて示されている。

流動資産（P30参照）と固定資産（P36参照）は、一年基準と正常営業循環基準（P25参照）によって区分される。

繰延資産は、ほかの資産と違い、金銭価値や権利を有していない一風変わった資産だ。支出の成果が将来に出ることを予想し、費用も先に繰り延べているので、繰延資産（P46参照）と呼ばれている。

これら資産の金額を決定するには原則がある。その資産を入手したときの金額で見る取得原価主義と、その資産を決算書作成の時点の価値で見る時価主義だ。

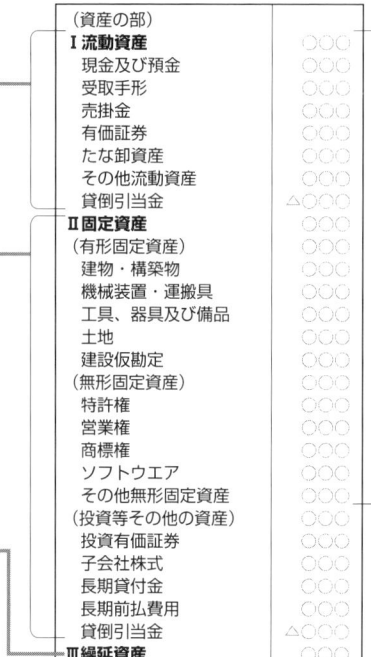

COLUMN

取得原価主義と時価主義

会社の資産類にどれだけの価値があるのか、従来の会計制度では手に入れたときの価値で評価しようと考えていた。これを取得原価主義という。

取得原価主義で算定していくと矛盾が出てくる。たとえば、五〇年前に買った土地が当時の価値のまま現在の決算書に記されるという不可思議なことになる。

そこで考えられたのが、そのときどきの価値で資産を評価する時価主義だ。それでも、資産評価の原則は取得原価主義が一般的で、時価主義は、その資産の時価が下がったときにだけしか用いられてこなかった。

最近は時価主義が主流になりつつある。そのことは同時に決算書の透明性が増すことを意味する。

流動資産

現金、預金など、1年以内に換金できる資産のこと。また、会社の営業活動の過程にある資産。（P30参照）

固定資産

長期間にわたって使用、保有する資産。土地や建物など有形固定資産と売却可能な権利の無形固定資産、上記のどれにも属さないものが投資等その他の資産になる。（P36参照）

繰延資産

ほかの資産と違って、金銭価値のない資産。新しい製品の開発にかかる費用などがその例。（P46参照）

立体テレビははやくから開発が始まっていたからな完成までの費用はずっと繰延資産に計上されていたんだ

貸借対照表の右側、貸方に表されるのが負債と純資産

貸借対照表

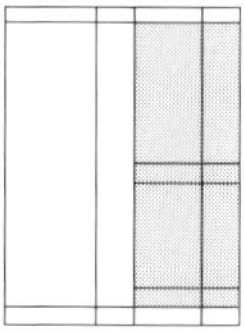

お金の出所で、記す先が決まってくる

会社を経営するには、何よりお金が必要だ。他人に借りるか、自分で都合をつけるか。この2つの方法がある。

（負債の部）	
Ⅰ 流動負債	○○○
支払手形	○○○
買掛金	○○○
短期借入金	○○○
未払法人税等	○○○
賞与引当金	○○○
その他流動負債	○○○
Ⅱ 固定負債	○○○
社債	○○○
長期借入金	○○○
退職給付引当金	○○○
その他固定負債	○○○
負債合計	○○○
（純資産の部）	
Ⅰ 株主資本	○○○
資本金	○○○
資本剰余金	○○○
利益剰余金	○○○
自己株式	△○○○
Ⅱ 評価・換算差額等	○○○
Ⅲ 新株予約権	○○○

1年基準（ワンイヤールール）正常営業循環基準によって流動と固定を区分する

株主からの資金調達（資本金）と会社のいままでの利益（剰余金）に分けられる。株主のサイフは自分のサイフというわけだ。

貸借対照表の右側、会計用語で貸方《かしかた》と呼ばれるところに示されているのが、負債と純資産である。

負債も資産同様、原則として一年基準と正常営業循環基準（Ｐ25参照）によって、流動負債、固定負債に分類される。すぐにでも返済しなければならない借金、ゆっくり返済すればよい借金と考えればいいだろう。

純資産には返済する必要のない資金を示す、株主から出資してもらったお金を表す資本金と、会社自身が儲けていままでに貯めたお金を表す剰余金の二つに分けられる。

負債は他人から借りた額、資本は自分のサイフから出した額。貸借対照表の右側からは、資金の調達先がわかる。

負債と純資産の違い

1 支配権の有無

株主（資本）は株式に応じた議決権をもつ。銀行からの借入金（負債）に議決権はない。

2 返済

株主から調達した資本金は返済しないでよい。負債は返済期日までに返済する義務がある。

3 コスト

株主には「配当」が、負債には「利息」がつく。支払義務があるが、利息の方が配当より低利率のことが多い。しかも利息は経費で落ちる。

流動負債

１年以内に返済の義務がある負債、営業活動の過程にある負債。（P50参照）

固定負債

最終の支払期限が１年を超えてある負債。（P52参照）

資本金

株主からの資金。株式の発行額のうち、資本金に組み入れたもの。（P58参照）

資本剰余金

資本金に組み入れなかった資本準備金（株式発行額の2分の1まで認められる）や自己株式を売却した利益や損失。（P58参照）

利益剰余金

株主への配当金など社外流出金額の10分の1まで積み立てなければならない利益準備金や、会社が目的に応じて使える任意積立金。（P58参照）

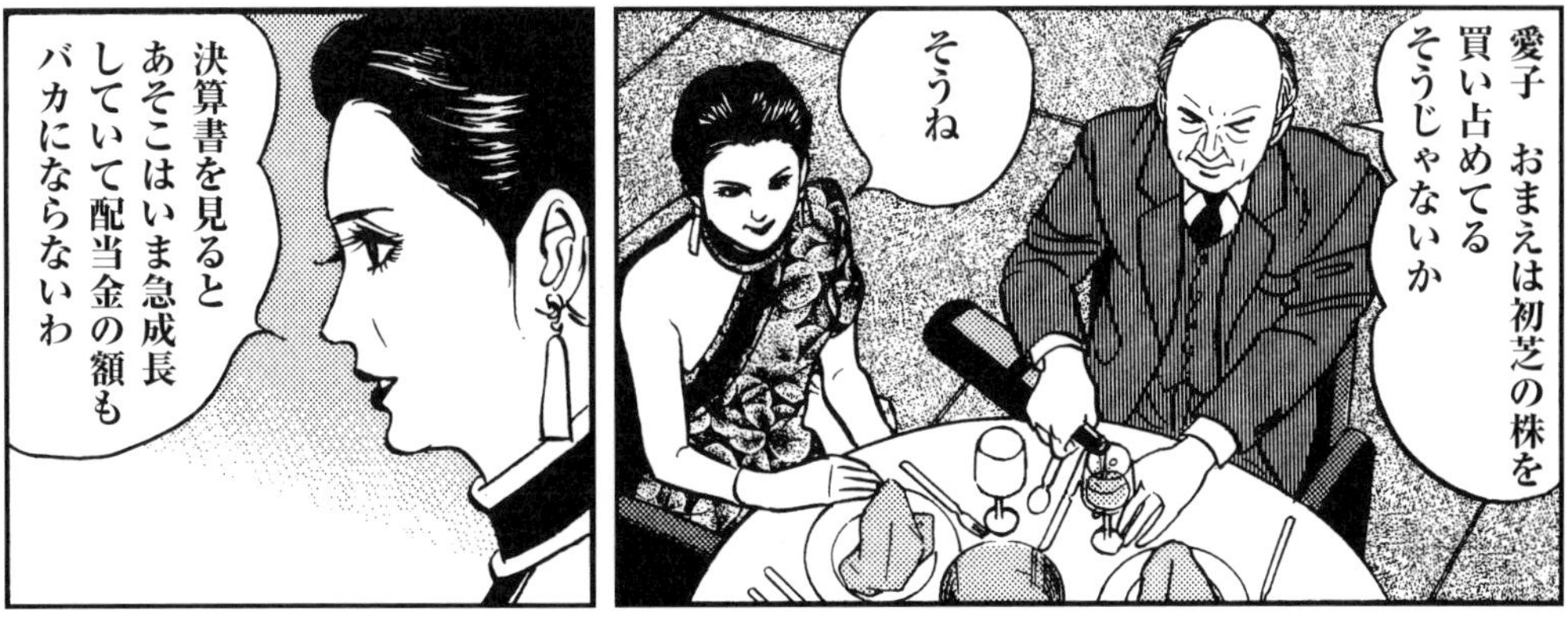

「流動」とはもうすぐお金になるという意味

貸借対照表

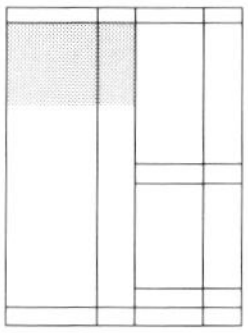

流動資産の勘定科目を細かく知る

（資産の部）

I 流動資産

- 現金及び預金 ― 現金は通貨、他社振出小切手。預金は銀行預金、郵便貯金、金銭信託、定期積立など。
- 受取手形 ― 商品・サービスに対する代金を近い将来、現金でもらう権利を示す勘定科目。いつ、どの銀行からいくら受け取るかの証書を手形という。
- 売掛金 ― 商品・サービスに対する代金を近い将来、現金等でもらう権利を示す勘定科目。手形と違い、口約束が多い。
- 有価証券 ― 一時的な投資のためにもつ、他社が発行した株式、社債、国債。
- たな卸資産 ― 在庫のこと。商品、製品、仕掛品など、業種によって内容が違う。（P32参照）
- その他流動資産 ― 前払費用や短期貸付金など。（P33参照）

流動資産とは、決算日から一年以内にお金に換えられる資産である。「現金及び預金」「受取手形」などの勘定科目が並ぶ。

流動資産の勘定科目《かんじょうかもく》は上表のように、だいたい六種類に分類されるが、一般的にこれらを三つのグループに分けて考えることが多い。

①当座資産（左ページ参照）
②たな卸《おろし》資産
③その他流動資産

当座資産とは、流動資産のなかでも、特に短期間で換金できる資産のことをいう。

たな卸資産はひと言でいうと在庫のことである。

その他流動資産は、ほか二つの資産に該当しない、雑多な科目の集まりである。

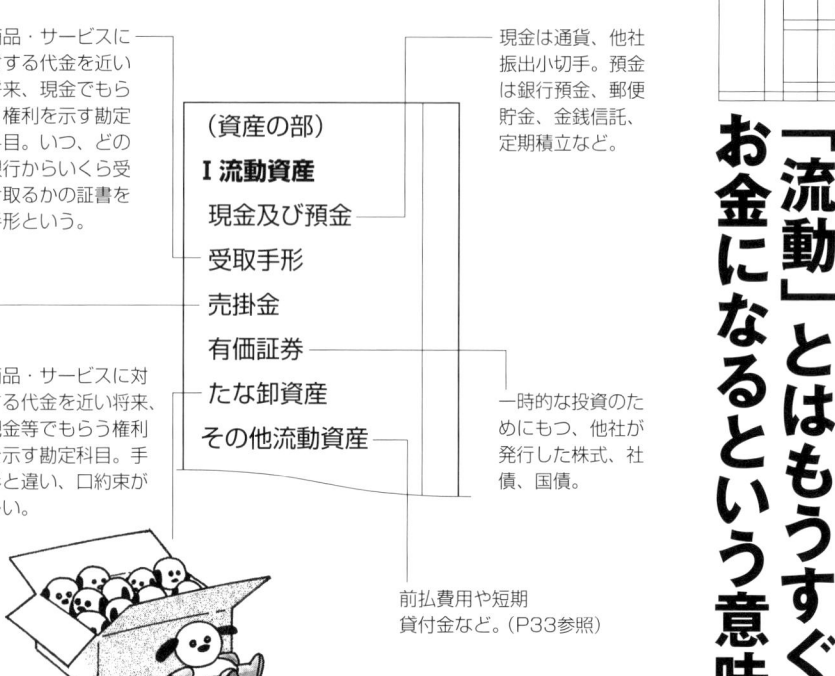

流動資産からわかる会社の安心度

当座資産

現金及び預金

受取手形

売掛金

有価証券

流動資産が貸借対照表の右欄の流動負債の金額より多ければ多いほど、その会社は支払能力が高いといえる。さらにくわしく支払能力を見るには、流動資産のうちから4つを取り出した、当座資産で判断する。当座資産を多くもつ会社は支払能力があり、取引も安心できる。

決算書に当座資産という勘定科目はない。流動資産のなかでも、最も換金しやすいとされる4つの勘定科目をまとめて当座資産という。

ふむ……
それで、手形の決済日は
いつなんだ？
現金はあるのか？

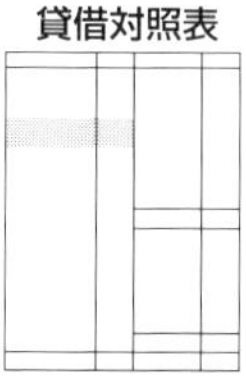

在庫も家賃の前払いも大切な資産と考える

たな卸資産とその他流動資産の勘定科目を細かく知る

たな卸資産とその他流動資産の勘定科目は流動資産の科目のなか、当座資産の下に示されている。やはりこれも換金しやすい順に並ぶ。

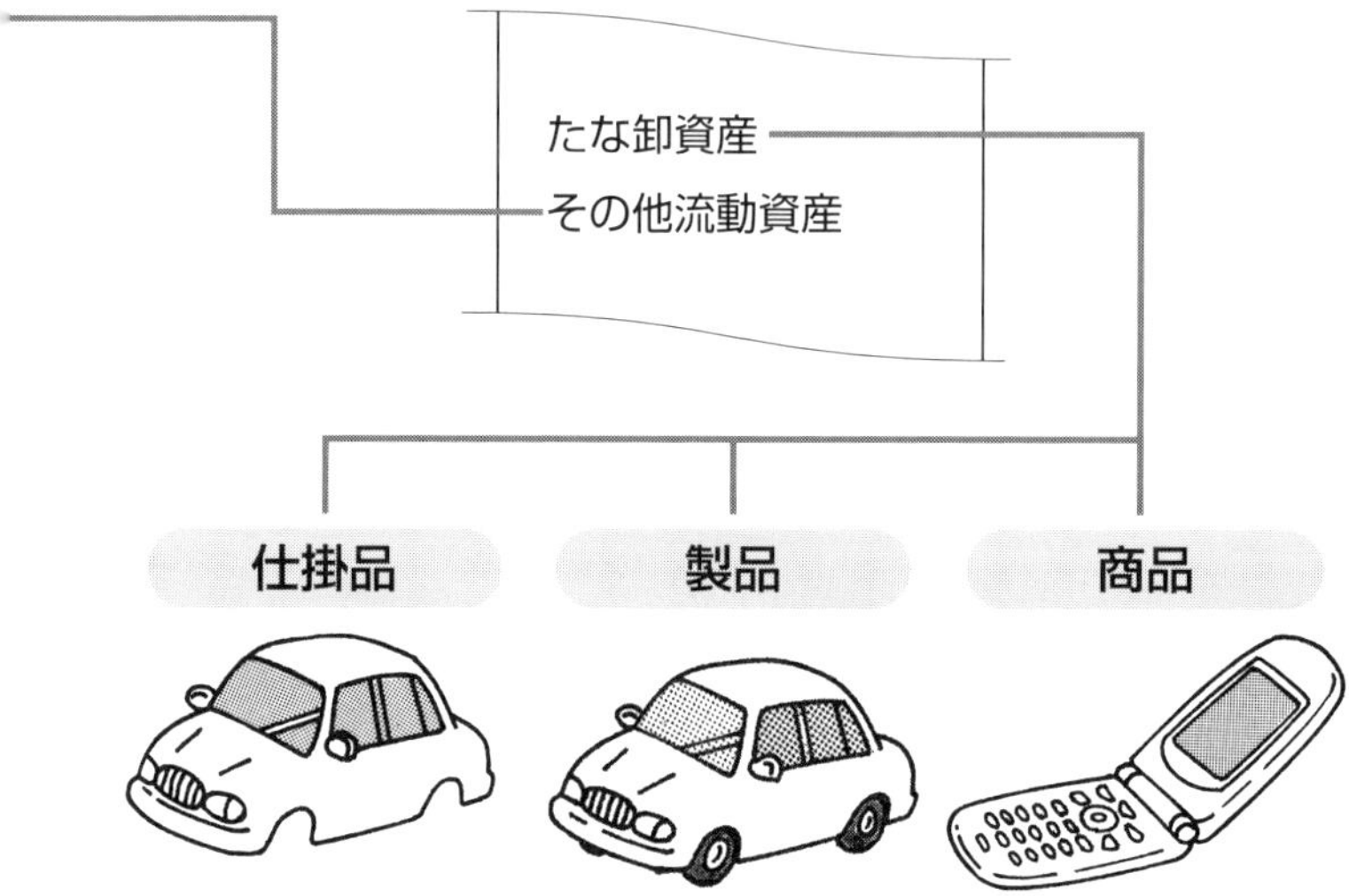

まだ、製品として未完成な、製作途中の資産。

自ら製作したもの。

他人から仕入れたもの。

決算書を見る際、製品と商品の違いに注意。製造業では製品として、小売業では商品として記される。

「在庫を制する者はビジネスを制す」といってもよいほど、在庫管理は会社にとって重要だ。

たな卸資産とは、決算日までに販売されずに残った在庫のことだ。来期以降に貢献する資産でもある。

もし、来期以降の収入源と考えれば、在庫はいくらあってもよい。逆に、「売れ残り」と考えれば在庫は少ない方がよい。見方によって評価が変わるのが、たな卸資産である。

雑多な科目を集めて構成されるその他流動資産には、事務所の家賃や雑誌の定期購読の前払金、社員の出張前の仮払金などが入る。

一つひとつの勘定科目は多額でなくとも、グループ全体を見れば、無視できない科目だ。

前払費用

家賃や雑誌の定期購読などの代金を前もって支払ってあるが、まだ商品などが手もとに届いていない金額など。

短期貸付金

得意先や役員、従業員に対して貸したお金のうち、1年以内に返済される予定のお金。

そのほかに
前渡金
未収収益
などがある

未収入金

会社が主とする営業活動以外から生じる未回収の債権。

仮払金

金額が確定していないため、後で精算することを前提に、仮に支払っておく代金。出張や接待の前に支払う例が多い。

在庫は多くても少なくても損をする

多

1 保管のための場所代、人件費がかさむ
2 長期間置いておくことで、品傷みする

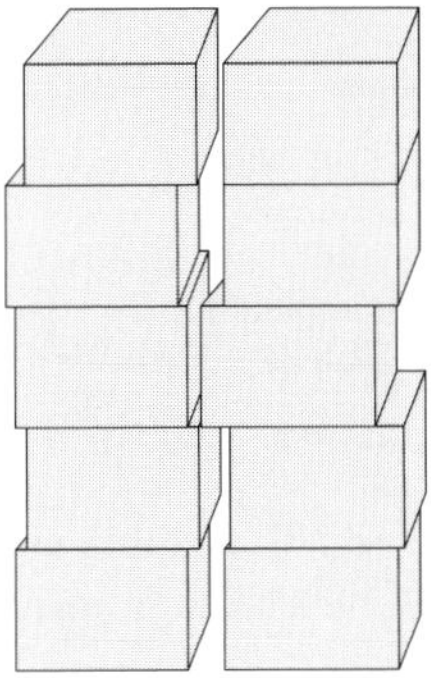

少

1 品切れを起こすと、取引先に嫌われ、ビジネスチャンスを逃す
2 何度も発注すれば、その分コストがかかる

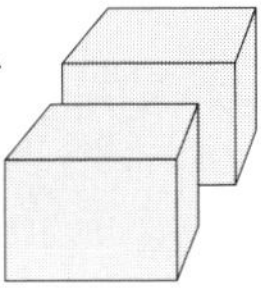

前払費用の計算方法

（単位：万円）

賃貸料1カ月100万円の事務所について、1月1日にその年の全額を前払いしたときを考える。
100万円×12カ月で1200万円。3月末決算とすると、1〜3月分の300万円は当期の費用となり、4〜12月分の900万円は前払費用として資産になる。

100	100	100	100
100	100	100	100
100	100	100	100

POINT 1

たな卸資産の扱い

たな卸資産の評価には「原価法」と「低価法」の２つの方法がある。

原価法……資産を取得したときの金額。取得原価で評価する。

低価法……時価と取得原価とを比較して金額の安い方を採用し、評価する。

原価法の代表的な計算法

在庫の評価額を計算する代表的な方法には、先入先出法、後入先出法、総平均法の３つがある。

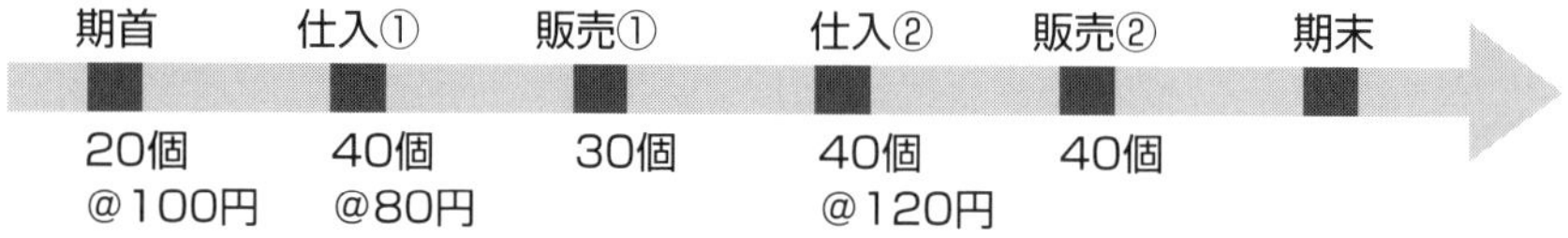

期首
仕入①
販売①
仕入②
販売②
期末
20個
@100円
40個
@80円
30個
40個
@120円
40個

先入先出法

（期末は後に仕入れたものが残る）

期首　20個 → 販売①20個
仕入①40個 → 販売①10個
→ 販売②30個
仕入②40個 → 販売②10個
→ 期末在庫30個×@120円＝3600円

期末在庫合計30個　@120円　3600円

後入先出法

（期末は先に仕入れたものが残る）

仕入①40個 → 販売①30個
→ 期末在庫10個×@80円＝800円
仕入②40個 → 販売②40個
期首　20個 → 期末在庫20個×@100円＝2000円

期末在庫合計30個　2800円

総平均法

（仕入値の平均値をもとにする）

期首　20個×@100円＝2000円
仕入①40個×@　80円＝3200円
仕入②40個×@120円＝4800円

計　100個　@100円　10000円
販売　70個　@100円　7000円

期末在庫合計
30個　@100円　3000円

どの計算法を選ぶかで期末時点での在庫の評価額が変わる。
低価法はこの資産を取得したときの価格と市場価格（時価）のどちらか低い方で期末評価をする。
しかし、たな卸資産は一般的に時価を把握しにくいことから、現実には、ほとんどの会社が原価法を採用している。

在庫を制する者はビジネスを制す

期末に在庫数をきちんと把握して算定することで、資産が正しく認識できる。また、営業活動をスムーズに行うためには、受注したらすぐに納品できなくてはならない。しかし在庫を多くもつためには資金も多く必要だ。

在庫切れになると

ほなけんどな！
いつ電話しても品切れ品切れいうてわしんとこ地方の営業所はどないしたらええんや!!

在庫管理が適切

これは当たるぞ

生産ラインを1本増やし、24時間フルに動かすことで、一気に生産数が増えた
HATSUSHIBA

在庫切れを起こすことなく、順調に出荷

会社の迅速な判断で、増収増益。信頼度もまた大きくアップ

3つに分けられる固定資産

貸借対照表

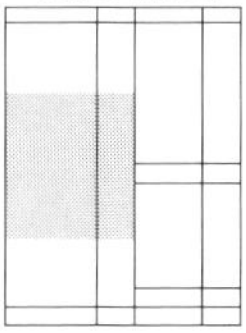

三つをまとめ、償却できるか否かを見る

Ⅱ固定資産

（有形固定資産）
建物・構築物
機械装置・運搬具
工具、器具及び備品
土地
建設仮勘定
（無形固定資産）
特許権
営業権
商標権
ソフトウエア
その他無形固定資産
（投資等その他の資産）

（有形固定資産）：土地や建物のように、形があって目に見える資産。（P40参照）

（無形固定資産）：権利などの、目に見えない法律上の資産。（P42参照）

（投資等その他の資産）：上記2つに属さない固定資産で子会社株式や出資金など。（P42参照）

一年以上の長期にわたって利用し、販売することを目的としない資産を固定資産という。固定資産は三つに分けられる。

①有形固定資産
②無形固定資産
③投資等その他の資産

流動資産は経営分析のために三つのグループに分ける（P30参照）が、固定資産はその逆。三つを一つのグループとして考える。

固定資産を見るうえで、重要なのは、固定資産は建物や設備のように使うにつれ消耗してしまうものが多いことだ。そのため、徐々に価値が下がっていく。その分を減価償却（P38参照）として処理しなければならない。こうした資産を償却資産という。

償却資産早見表

	償却資産
有形固定資産	建物・構築物 機械装置・運搬具 工具、器具及び備品
無形固定資産	特許権 営業権 商標権 ソフトウエア
投資等その他の資産	長期前払費用

	非償却資産
有形固定資産	土地 建設仮勘定（P40参照）
無形固定資産	
投資等その他の資産	投資有価証券 子会社株式 長期貸付金

一方、土地や有価証券のように価値が減っていかないものもある。これらは当然、減価償却の必要はなく、非償却資産と呼ぶ。

注意したいのが、形ある有形固定資産だけでなく、目に見えない法律上の無形固定資産にも償却資産があることだ。

わしは まだまだ
消耗しておらんぞ

POINT 2

減価償却の算定の仕方

機械などを何年にわたって減価償却していけばよいのか、その方法とはどのようなものなのか。

減価償却とは？

固定資産である車を現金で購入したとしても、その時点では費用に計上できない。

たとえば会社の経費で新幹線の切符を買ったとしよう。それに支払った額は「費用」となる。

「費用」とは、会計の世界では経済価値を消費したことを意味する

新幹線の切符は新幹線に乗った時点で価値がなくなる。しかし車は、購入した時点では、購入代金が車に等価交換しただけなので価値が減少したことにはならないと会計上では考える。

最初はピカピカの車もいろいろな箇所が磨耗したり傷がついていく。つまり消費していくわけだ。会計の世界では、ここではじめて車に「費用」が発生したと考える。

切符代は減価償却の対象にはならない。

固定資産の価値減少を意味する費用を「減価償却費」と呼ぶ。

資産によって何年使うことができるか考える必要がある。これを耐用年数という。
減価償却をする期間は原則として耐用年数内に設定される。会社自身が決めてもよいが、一般的に法人税法で決められている「法定耐用年数」を用いることが多い。

2つの計算方法

定額法

貨物自動車　300万円

300万円

1年目	60万円
2年目	60万円
3年目	60万円
4年目	60万円
5年目	60万円

償却額の計算方法には2つの方法がある。1つは毎年、均等額を償却する「定額法」。もう1つは毎年、一定率を償却する「定率法」である。300万円で取得した貨物自動車を、耐用年数に従い5年で償却すると、表のようになる。

定率法

貨物自動車　300万円　　5年で償却するなら0.500を掛けて

300万円

1年目	150万円	300×0.500=150
2年目	75万円	(300−150=150)×0.500
3年目	37.5万円	(150−75=75)×0.500
4年目	18.75万円	(75−37.5=37.5)×0.500
5年目	18.75万円	300−(150+75+37.5+18.75)

耐用年数と定率法の償却率

2年	1.000
5年	0.500
10年	0.250
20年	0.125
30年	0.083
40年	0.071
50年	0.050

代表的資産の耐用年数
事務所(鉄筋)50年
事務所(木造)24年
自動車　6年
パソコン　4年
営業権　5年
ソフトウエア　5年

貸借対照表

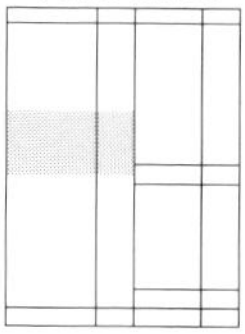

読んで字のごとく、目に見える形のある資産

有形固定資産の勘定科目を細かく知る

（有形固定資産）
- 建物・構築物
- 機械装置・運搬具
- 工具、器具及び備品
- 土地
- 建設仮勘定

建設中、製作中の建物や構築物のためにあらかじめ出したお金。最終的に完成すると、有形固定資産の勘定科目にそれぞれ振り替えられる。

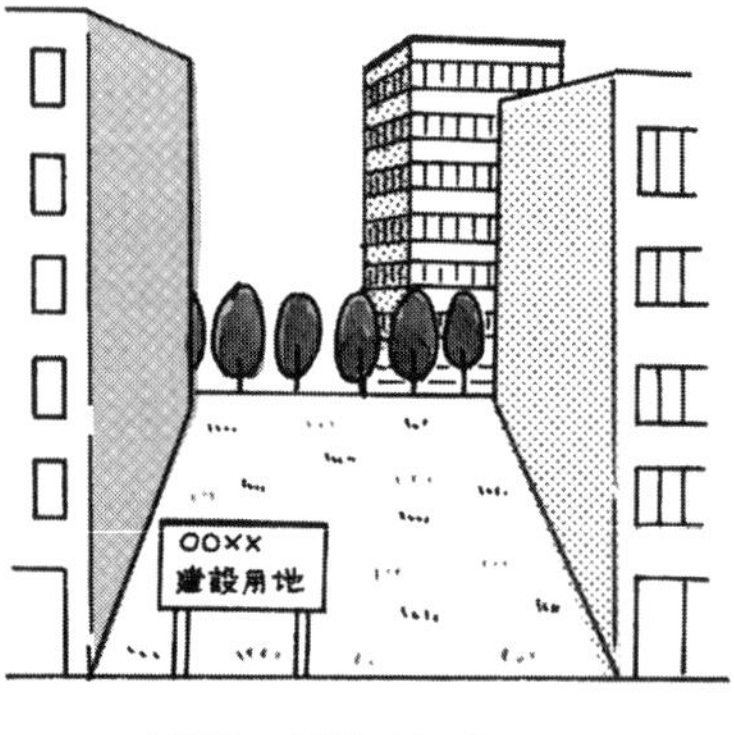

事務所、店舗などの敷地や駐車場、会社保有の運動場などの土地。

「建物」は事務所や工場、店舗、倉庫、社宅など。「構築物」は土地に定着した建物以外の建造物のことをいう。橋、塀や広告塔、トンネルなど。

「機械装置」は製品を製造するための設備をいう。機械と装置は区分することが難しいので、一括表記する。
「運搬具」は主に社用車、運送用トラック、フォークリフトなどの運搬車両をいう。

耐用年数1年以上の工具や、机などの器具及び備品。しかし、1組当たり10万円未満のものは、資産とせずに費用として計上できる。

固定資産のなかでも有形固定資産は理解しやすいだろう。目に見える形のあるものがほとんどだからだ。そして長期に使用される目的をもち、減価償却（P38参照）をしなくてはならないものが多い。
ただし、少額のものは、取得時に「費用」として即時償却することが認められている。

COLUMN

普通は有形固定資産、業種によって流動資産

目に見える建物や土地などは、ほとんどの会社にとって有形固定資産だが、不動産業では建物などを、流動資産の商品に記す。
一年以内に売ることのできる、本業にかかわる大切な商品と考えるからだ。

目に見えない資産とハイリスクな資産

無形固定資産の勘定科目を細かく知る

貸借対照表

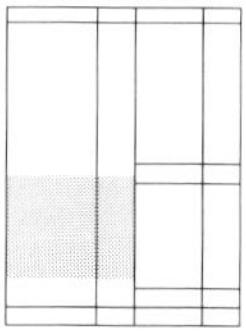

（無形固定資産）
- 特許権 ― 特許法にもとづいて、自社の発明を独占的に20年間利用できる権利。
- 営業権 ― 会社の販売力や従業員の能力、ブランド力などが優れていることで生じる利益獲得力のこと。のれんともいう。
- 商標権 ― 製品や商品、サービスなど、他社のものと区別するために付ける名前やマークを保護する権利。
- ソフトウエア ― コンピュータを機能させるプログラム。ワード、エクセルといったソフトなども含む。

その他、借地権や漁業権、電話加入権などがある。

長期的に使用する目的で保有する「無形」の資産を無形固定資産という。

無形固定資産は、有形固定資産と逆で、目で見ることのできない法律上の権利のことをいう。

目に見えないのでわかりにくいが、無形固定資産のなかにも商標権など減価償却するものがある。

西紋
このれんなら、
料理も酒も
美味いに
決まっている

投資等その他の資産の勘定科目を細かく知る

（投資等その他の資産）
- 投資有価証券 ―― 有価証券のうち長期保有目的のもの、または短期保有目的であっても上場していない会社の株式など市場性のない有価証券。
- 子会社株式 ―― 親会社がもっている子会社の株式。その会社の株式を過半数所有していることで子会社かどうかが決まる。
- 長期貸付金 ―― 貸付金で１年以上の期間にわたり貸し付けるもの。
- 長期前払費用 ―― 支払期限よりも１年以上先に払っておいた費用。

子会社株式をもつ責任

子会社の株式をもつ会社は、当然のことながら、その子会社に対して責任をもつ。そのため、子会社の業績が悪化すれば、追加投資をしたり、損失の肩代わりをしなければならない。そこで、決算書をチェックするとき子会社の業績にまで目を配る必要がある。（第6章参照）

有形固定資産、無形固定資産に含まれない固定資産すべてを、投資等その他の資産という。長期にわたり、投資目的で保有する資産である。

投資有価証券や、支払期限が一年を超える費用の前払い分である長期前払費用などがある。

どう、私に投資してみない？

投資はハイリスク・ハイリターン。

POINT 3

有価証券の区分は目的による

株券や債券などの有価証券を決算書に記載する場合には、その証券を何のためにもっているかで分ける。

保有目的によって分ける

（資産の部）	
Ⅰ流動資産	○○○
現金及び預金	○○○
受取手形	○○○
売掛金	○○○
有価証券	○○○
たな卸資産	○○○
その他流動資産	○○○
貸倒引当金	△○○○
Ⅱ固定資産	○○○
（有形固定資産）	○○○
建物・構築物	○○○
機械装置・運搬具	○○○
工具、器具及び備品	○○○
土地	○○○
建設仮勘定	○○○
（無形固定資産）	○○○
特許権	○○○
営業権	○○○
商標権	○○○
ソフトウエア	○○○
その他無形固定資産	○○○
（投資等その他の資産）	○○○
投資有価証券	○○○
子会社株式	○○○
長期貸付金	○○○

①短期売買目的
1年以内に売却または、満期がくる有価証券
➡流動資産

②業務提携を目的とした株式や、長期的に値上がりを期待する株式
➡固定資産

③自社の傘下にあるグループ会社の株式
➡固定資産

流動資産にも固定資産にも有価証券の科目があるが、それぞれの欄に記載されているのは、目的が違うからである。

そもそも有価証券とは

財産の権利をもつことを表示してある印刷券。現金（紙幣）は紙に金額、つまり財産が表示してある券だが、有価証券は、金額に代わる何らかの財産の内容が表示されてある。たとえば株券、債券がその代表だ。

株券も債券も具体的な金額を表示してあるわけではない。
そこで、こういった有価証券をもっている場合、いったいいくらに換算して決算書に示すかが問題だ。その換算の方法は2通りある。入手したときの価格で評価する「原価法」と、現在の市場価格で評価する「時価法」だ。

＊債権金額と取得金額の差額を毎期一定の方法で取得価額に加減した価額。

有価証券の評価

有価証券は時価法で換算することが多くなっている。ただし、時価のないもの、つまり市場価格のつけられないものは原価法を用いる。

	目的で分類	評価基準
有価証券	**売買目的** 時価の変動によって利益を得るために保有する有価証券	**時価**
	満期保有目的 社債など満期になるまで保有する有価証券	**償却原価＊**
	子会社・関連会社株式 子会社や関連会社を支配、影響を与えるために保有する有価証券	**原価**
	その他の有価証券 上記以外の有価証券	**時価**

初芝さんの株ですか！
指定銘柄ですし
10万株ぐらいなら
明日の開始から
5分以内で売れますよ！
投資相談
株式コーナー

貸借対照表

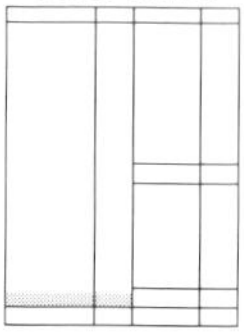

価値がないのに資産とされる繰延資産

繰延資産の5つの勘定科目を細かく知る

Ⅲ繰延資産

開発費
新技術、市場の開拓などにかかった費用を資産として処理するときに使う勘定科目

創立費
会社を登記する費用など、会社設立にかかった費用を資産として処理するときに使う勘定科目

株式交付費
新株発行のためにかかった費用を資産として処理する勘定科目

開業費
会社設立後、開業までにかかった費用を資産として処理する勘定科目

社債発行費
社債発行のためにかかった費用を資産として処理する勘定科目

繰延資産は前払費用と同様、翌期以降に効果を及ぼす費用に対して、当期までに支払いをすませたものだ。

しかし、繰延資産は当期までに何かしらの結果を得ているのに対し、前払費用は結果を得られるのが必ず翌期以降となる違いがある。

繰延資産は財産にあらず

繰延資産の条件

すでに支払いが完了し、その結果を何らかの形で受け取っているにもかかわらず、その効果が将来にも及ぶと期待されるもの。

財産にならない理由

有価証券や土地、建物のように売ってお金にかえることができないうえ、前払費用のように、翌期にサービスを求めることができない。

↓ つまり

財産価値はない

↑ しかし

これから財産として見込める費用とも考えられている。

Q 貸借対照表のどこにも繰延資産という科目が見つからない

A 繰延資産は効果を得るまでの、「見込み資産」ともいえ、多く計上すると決算書の透明性を失うおそれがある。ほとんどの会社は信頼性を保つため、繰延資産にせず、費用として処理している。

資産の部の最後に登場するのが繰延資産である。繰延資産は有形固定資産や無形固定資産と違い、金銭的な価値や権利を有していない資産である。

会社の設立や商品開発にかかった費用などは、対価に見合うサービスをすでに受けてしまっているため、換金価値がない。

新製品開発には莫大な時間と費用を要するうえ、頓挫してしまうケースだってある。そういうリスクを承知で、「将来役に立つかも」という見込みのもとに開発費を繰延資産として記している。

本来なら費用として扱える項目を資産としているため、繰延資産の額が多い会社は利益が多めに計上されていることに注意しよう。

貸借対照表

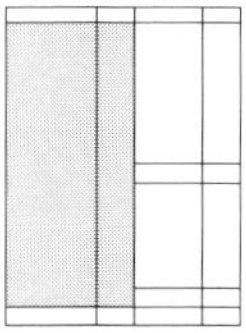

資産のなかで唯一マイナス項目となる貸倒引当金

回収に懸念のある金銭債権を見積もる

（資産の部）	
Ⅰ流動資産	○○○
現金及び預金	○○○
受取手形	○○○
売掛金	○○○
有価証券	○○○
たな卸資産	○○○
その他流動資産	○○○
貸倒引当金	△○○○
Ⅱ固定資産	○○○
（有形固定資産）	○○○
建物・構築物	○○○
機械装置・運搬具	○○○
工具、器具及び備品	○○○
土地	○○○
建設仮勘定	○○○
（無形固定資産）	○○○
特許権	○○○
営業権	○○○
商標権	○○○
ソフトウエア	○○○
その他無形固定資産	○○○
（投資等その他の資産）	○○○
投資有価証券	○○○
子会社株式	○○○
長期貸付金	○○○
長期前払費用	○○○
貸倒引当金	△○○○
Ⅲ繰延資産	○○○

貸倒引当金

決算日における受取手形や売掛金、貸付金などの貸倒額を見積もり、費用計上したもの。流動資産から見積もる額と固定資産から見積もる額は分けて計上する。もし、現実に不良債権が回収不能になれば、貸倒損失となり損益計算書に記される。

資産には現金や物以外に、受取手形、売掛金、貸付金などの金銭債権がある。金銭債権は無事に回収されれば、特に問題がない項目だが、100%回収されない場合が多くある。

金銭債権

売掛金、受取手形、長期貸付金など、将来に金銭を受け取ることができる権利を表す勘定科目の総称。

金銭債権は2つに分けられる

金銭債権

- **一般債権**：金銭債権の回収に問題がない。→ 過去数年間の貸倒れの割合を使って見積もる。
- **貸倒懸念債権**：かなりの確率で金銭債権を回収できない。→ 危ない相手先の1つひとつを見てその状況に応じて見積もる。

「○○商事、倒産！」

自分の会社が、この○○商事と取引していたとすれば、損失を被ってしまうことになる。

資産のなかに受取手形、売掛金という勘定科目がある。ここに含まれている、将来入金予定の金額の一部が、取引先の倒産で、水の泡になってしまうのだ。これを貸倒れという。

このような事態を見越して、事前に各会社は回収不能額を見積もっている。それが、△印と一緒に記載される貸借対照表でただ一つのマイナス項目、貸倒引当金だ。

あまり多額の見積額は問題だが、会社によって見積方法も違い、多いほど堅実な経営をしていると見ることもできる。

資本力のある会社しか貸倒引当金を計上していない!?

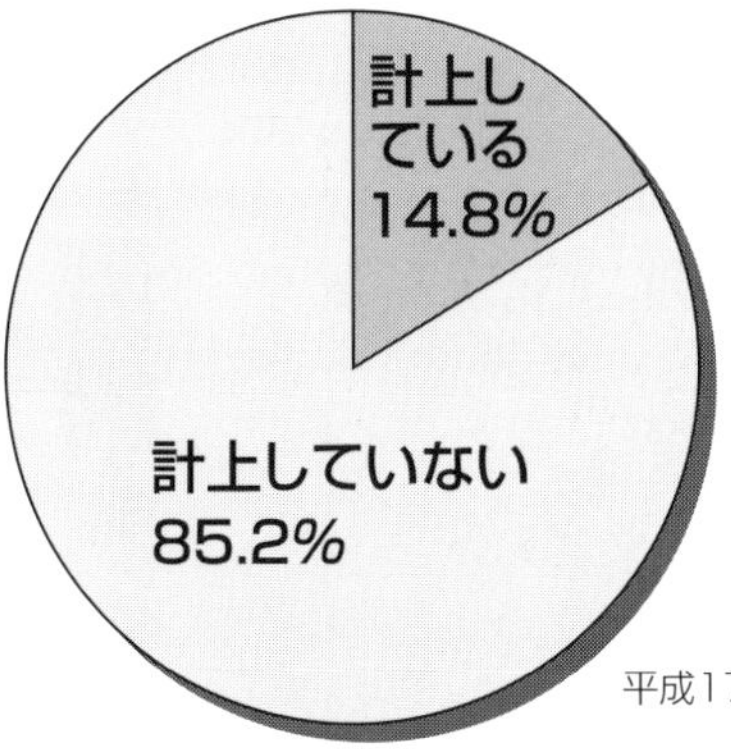
計上している
14.8%
計上していない
85.2%

平成17年度国税庁統計情報より

貸倒引当金の計上は、会社の自由である。その金額も会社が決めてよい。つまり、貸倒引当金を計上していない会社もたくさんある。

国税庁が約259万社の法人企業を対象に行った調査によると、貸倒引当金を計上している会社は約38万社にしかすぎない。また、資本金別で見ると、資本金規模が大きい会社ほど貸倒引当金を計上している。

○○商事が倒産です
債権者がおしよせている模様
会社は蜂の巣をつついたような騒ぎとなった

貸借対照表

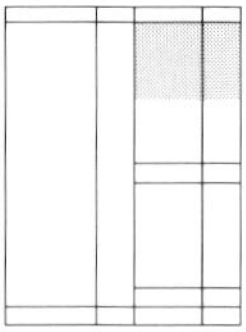

会社の運転資金がわかる 流動負債

流動負債の勘定科目をくわしく知る

（負債の部）
I 流動負債
支払手形
買掛金
短期借入金
未払法人税等
賞与引当金
その他流動負債

支払手形：商品・サービスの購入代金を近い将来（決済日）、現金で支払う義務があることを示す勘定科目。いつ、どの銀行から、いくら支払うかが記載されている証書を支払手形という。

買掛金：商品・サービスの購入代金のうち、まだ支払っていない代金。支払手形と違い、口約束が多い。

短期借入金：銀行、取引先などからの借入金のうち、決算日の翌日より１年以内に返す予定のもの。

賞与引当金：将来支払う予定の賞与(ボーナス)のうち当期中に負担すべき額を見積もったもの（P56参照）。

その他流動負債：その他流動負債には前受金、未払金、預り金などがある。

未払法人税等：法人税及び住民税などの決算日現在の未納額。

負債とは、支払わねばならないいわば借金のことである。主に会社の運転資金として使われることが多い。返済期日によって、流動負債と固定負債とに分けられる。

流動負債の勘定科目には一年以内に返済しなければならない負債や本業の流れのなかで生まれた負債が並ぶ。

並び方は、流動性配列法（P25参照）により、上から順に、支払義務の強いものから並べられる。

支払期日が厳密に決められている支払手形が、一番厳しい支払義務をもつということで、最初にくる。ちなみに、手形とは現金の証書であり、いつ、どこの銀行から、いくら支払うかを明記したものだ。手形の支払期日に現金を用意で

ちゃんと調べたうえでの取引だったのか？
まさか最初から不渡りになるとわかっている手形をつかまされたんじゃないだろうな

きないことを「不渡り」という。不渡りを起こせば、会社の信用は失われ、さらに半年間に二度、不渡りを発生させると、銀行取引が停止され、倒産ということになる。

支払手形と買掛金はどちらも、正常営業循環基準（P25参照）から流動負債に計上される。その違いは、支払義務を証書で決めたか、口約束で決めたかによる。

短期借入金は、一年基準（P25参照）から、流動負債に計上される。銀行や取引先から融資してもらった借入金のうち、決算日の翌日から一年以内に返済しなければならないものだ。

Q 有利子負債とは？

A 商品取引から生まれる買掛金や支払手形と違い、銀行や投資家とのやりとりから生まれる、金利の生じる負債を有利子負債という。

短期借入金や社債、長期借入金などがこれにあたる。

現在のようなデフレ下であると資産の価値は下がるのに対して、負債の価値は変わらないままだ。相対的に見ると負債の元本返済の負担が重くなる。

有利子負債をもつ会社は、物の価値に対して、負債をうまくコントロールしなくてはならない。

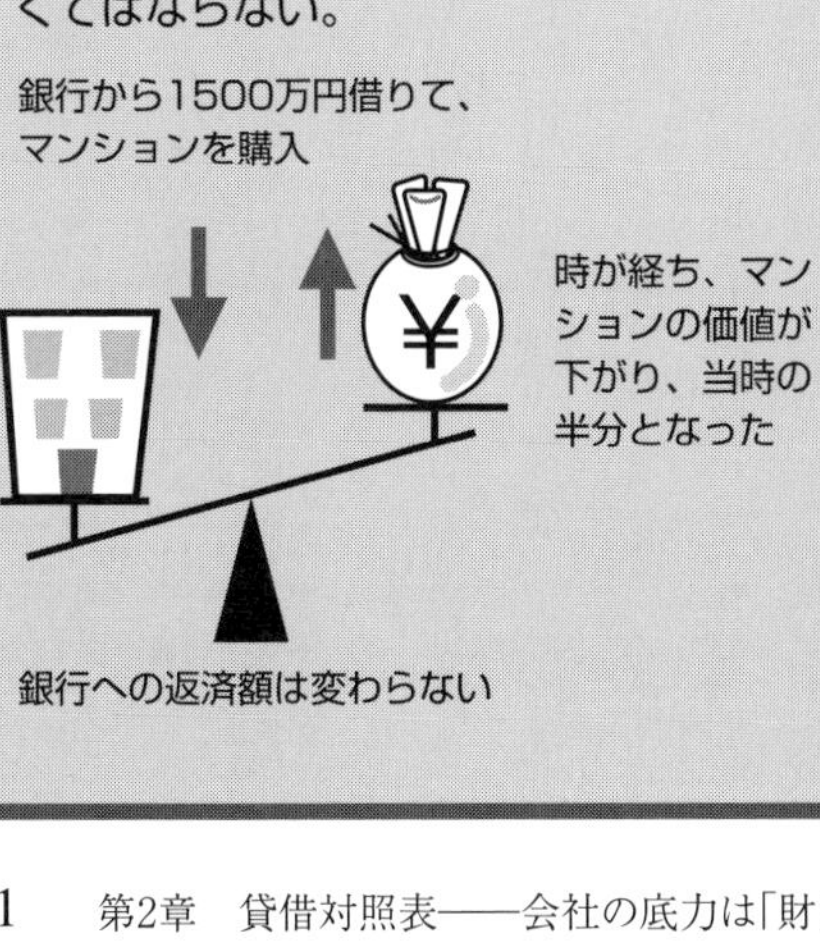
銀行から1500万円借りて、マンションを購入
時が経ち、マンションの価値が下がり、当時の半分となった
¥
銀行への返済額は変わらない

貸借対照表

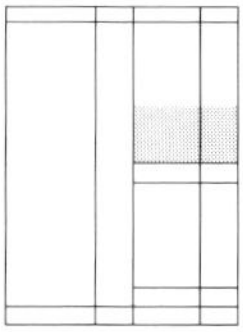

大きな買い物に使う固定負債

長期安定型の固定負債の勘定科目をくわしく知る

Ⅱ固定負債
- 社債
- 長期借入金
- 退職給付引当金
- その他固定負債

社債：社債券という債券を発行して、広く大衆から大量に資金を集めるために発生した債務。

長期借入金：銀行、取引先などからの借入金のうち、決算日翌日より1年を超えて返済する予定のお金。

退職給付引当金：将来支払う予定の退職金のうち、当期末までに発生している金額を見積もったもの。（P57参照）

負債はいずれ返さなくてはならないが、そのうち、支払義務が一年を超えてあるものが固定負債だ。安定した借金だと考えられることから、高額な設備の購入などに使用されることが多い。

※社債も長期借入金も、1年以内に返済期日を迎えるものは「1年内返済予定社債」「1年内返済予定長期借入金」として流動資産の欄に計上する。

固定負債の勘定科目は上表を見ればわかるように、意外と少ない。中小企業のなかには、長期借入金しか、固定負債の欄に記していない決算書も多い。

固定負債の代表でもある社債と長期借入金を見てみよう。

社債とは返済期日と金利を記して発行する有価証券で、投資家から直接資金を集めるところが株式に似ている。

一方で長期借入金はほとんどの場合、銀行からの調達である。

どちらも借金に違いないが、優良企業は社債の方が低い金利で資金を調達できることから、社債を利用することが多い。社債と長期借入金の比率で、会社の信用力が読み取れるともいえる。

社債と長期借入金

社　債

会社
資金

投資家から会社へ直接資金がわたるので

直接金融 という

長期借入金

会社
銀行
資金

投資家（つまり預金者のこと）から銀行、そして会社へと資金がわたるので

間接金融 という

日本は個人投資家が少ないこともあり、会社経営は間接金融によるところが多い。

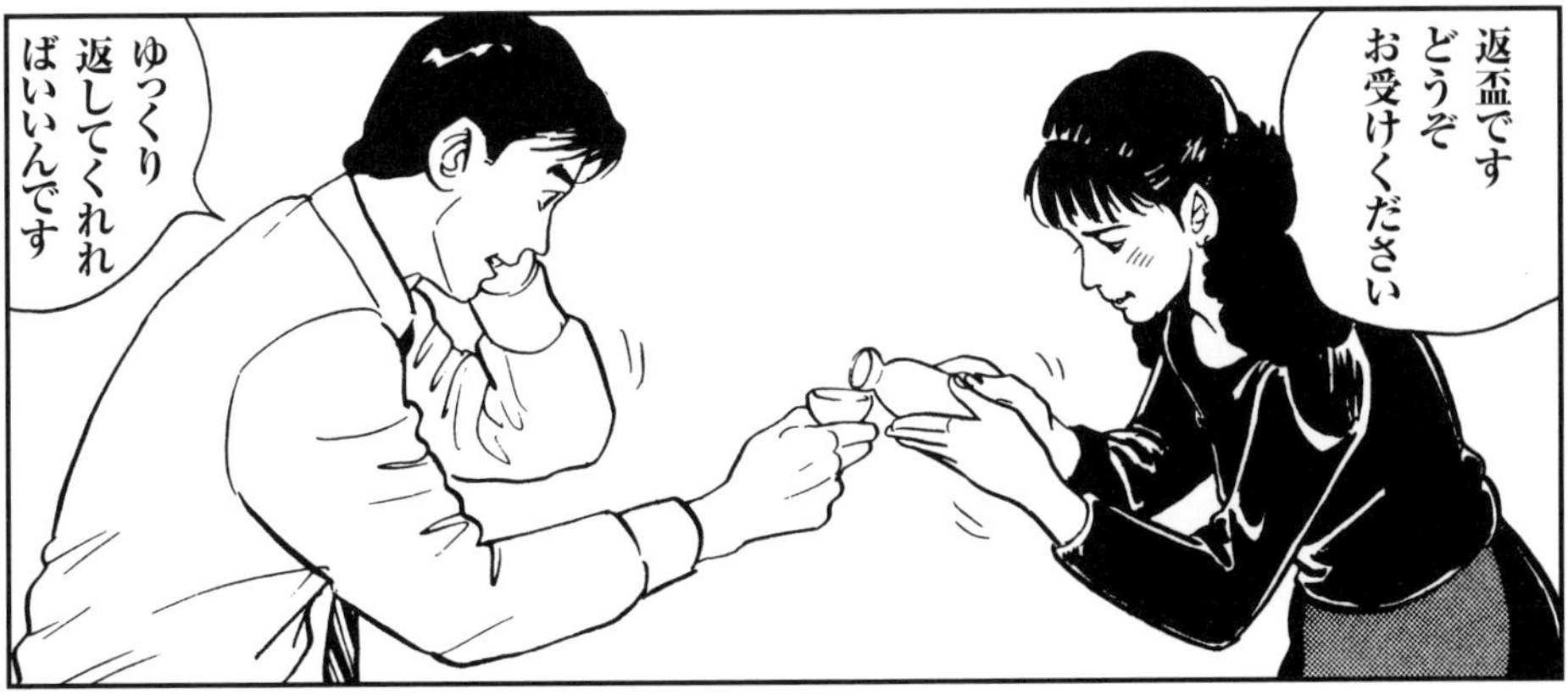
返盃です どうぞ お受けください
ゆっくり返してくれればいいんです

借りたお金も、１年を超えて返せばよいものが、固定負債。

社債と株式の違い

会社が発行する社債と株式。出資者はお金を出すことは同じだが、その意味やその後の状況が違う。

	株式	社債
出すお金は	出資したことになる	お金を貸したことになる
返金は	お金は返ってこない	決めた日に戻ってくる
利益が上がれば	配当金が出る	金利が決まっているから変わらない
利益がなければ	配当金は出ない	決まっている金利を受け取れる

債券とは――ここでは社債を取り上げた。このほかに、国が発行する債券が「国債」である。ちなみに投資することは同じだが、一般的に株式に出資した人は株主といい、社債に出資した人は債主とはいわず投資家あるいは出資者という。

固定負債は長期に安定した資金である。

この資金の調達方法の主なものが社債の発行だ。

社債とは会社が発行する債券のこと。投資家からお金を募り、その代わりに「社債」を手渡す。期日がきたら元本に利息をつけて投資家に返金する。いわば社債は、投資をしてくれた人たちへの借入証書と同じもので、その意味では長期借入金と同じ性格をもつ。

投資家からお金を集める方法には、資本金を増やす「株式増資」もある。投資家からお金を集める点では社債と同じことをするわけだ。しかし、株式で集めた資金は返さなくてよいが、社債は返さなくてはならない。

ハイリターンを
期待するなら
ハイリスクも
覚悟しなくては！
証券
野証券
岡田證券
第八証

社債の種類

普通社債
毎年一定の利率にもとづいて利息を支払い、期日がくれば返済するもの。通常は銀行の利息より有利だが、それは保証されたわけではなく、リスクを伴う。

ワラント債（新株予約権付社債）
普通社債とワラントがセットになっている社債。ワラントとは、企業が増資をするとき、新株を引き受ける権利の証書。株式を購入するとき、社債として払い込んだ額より時価が上昇していれば利益が確保されるがリスクは大きい。

転換社債（新株予約権付社債）
投資家が一定の条件の下で社債を株式に転換するよう要求できるもの。

会社は投資家に対して、償還を保証しなければならないという性格上、信用のある大企業でなければ社債を発行できなかった。この信用力をはかる目安が「適債基準」だった。

しかし、平成八年一月より、この基準が撤廃された。社債の発行を引き受ける証券会社が、買い手がいると判断すれば、それまで発行できなかった企業でも社債を発行できるようになった。

これは力のある中小企業にとって、資金の調達が容易になったことを意味する。信用力のある企業は、銀行からの長期借入金よりも低い金利で資金が集められるため最近、社債を発行する企業が多くなってきた。

POINT 4

多額の支払いに備える引当金

資産の部で説明した貸倒引当金以外に負債の部でもいろいろな引当金がある。引当金とはいざというときのためにプールしてあるお金だ。ただし、多額の現金が必要となるときがあらかじめわかっているものがある。

ボーナスと退職金だ。

(負債の部)
I 流動負債
支払手形
買掛金
短期借入金
未払法人税等
賞与引当金

1年以内に出ていくお金なので、流動負債に計上される。従業員への賞与の支払いに備えて、当期末までに発生していると見なされる金額を見積もり、計上する。

「賞与引当金」のしくみ

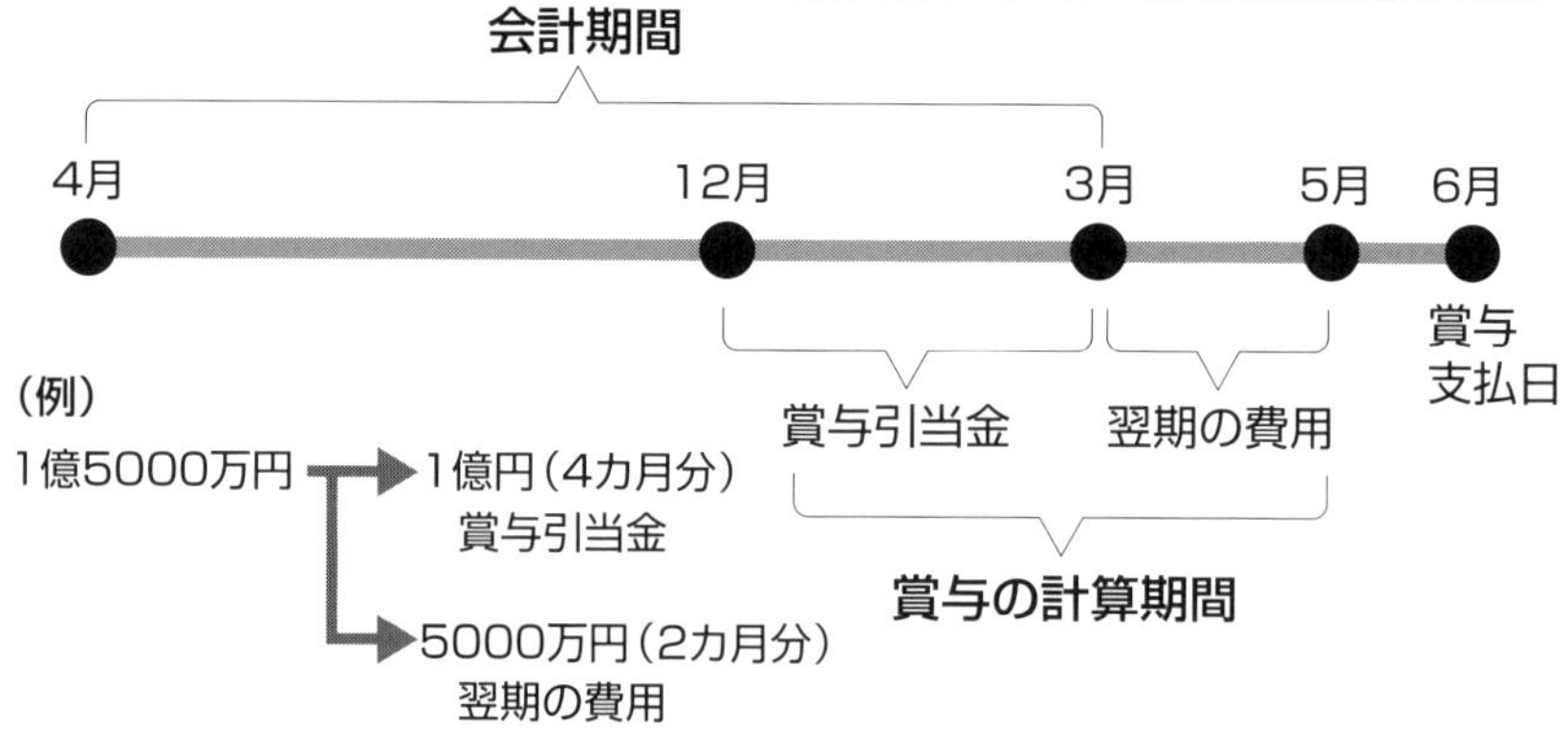

会計期間
4月
12月
3月
5月
6月
賞与
支払日
賞与引当金
翌期の費用
賞与の計算期間
(例)
1億5000万円
1億円(4カ月分)
賞与引当金
5000万円(2カ月分)
翌期の費用

婚約指輪は
ボーナスの
何カ月分かしら

ある会社では6月に支払う賞与の計算期間を12月から5月までの6カ月間としていた。

会社の決算期は3月31日で、この時点における6月の賞与の見積もりを1億5000万円と考えていた。賞与の計算期間が12月から5月までなので、そのうち、12月から3月までの4カ月を当期の費用、残りの2カ月分は翌期以降の費用となる。

ここでは1億円が当期の費用として、賞与引当金に計上される。

Ⅱ固定負債

社債

長期借入金

退職給付引当金

その他固定負債

退職給付引当金は支払いまでに１年以上かかるため、固定負債に計上される。従業員への将来の退職金の支払いに備えて、当期末までに発生していると見なされる金額を見積もり、計上する。

「退職給付引当金」のしくみ

退職給付引当金についても賞与引当金と理屈は同じ。長い勤務期間とともに、見積もる計算期間も長くなる。

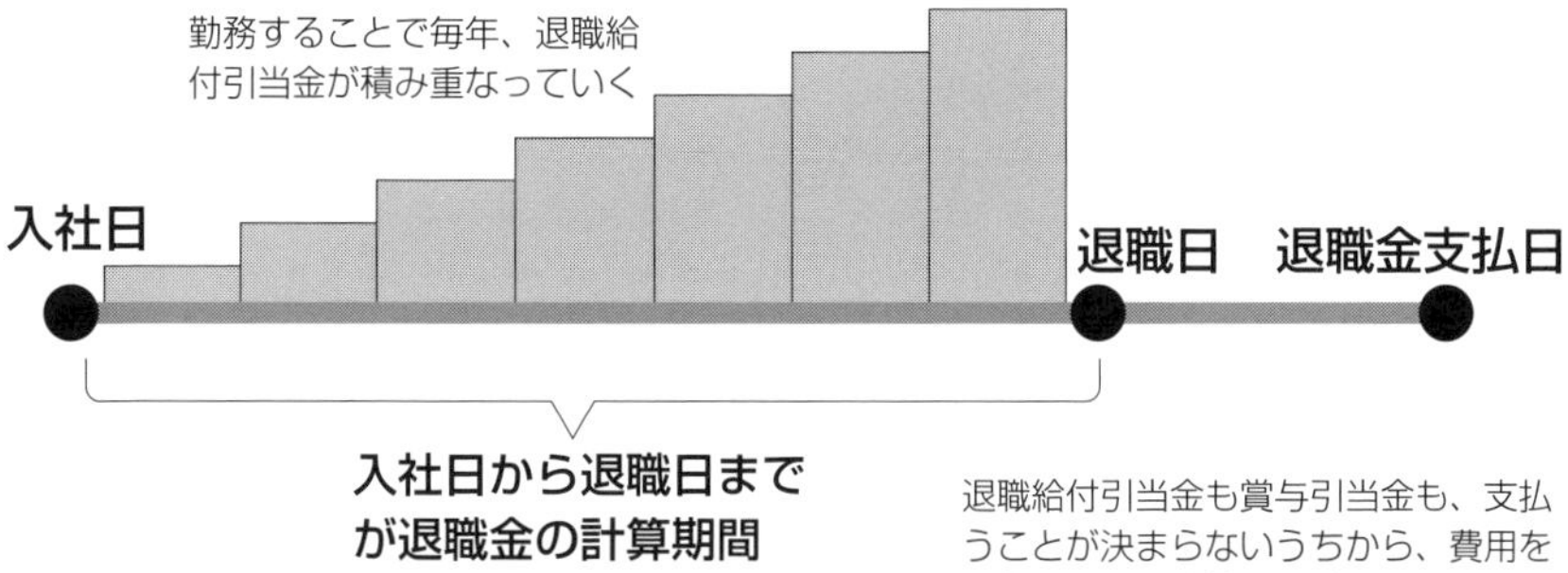
勤務することで毎年、退職給付引当金が積み重なっていく
入社日
退職日
退職金支払日
入社日から退職日までが退職金の計算期間

退職給付引当金も賞与引当金も、支払うことが決まらないうちから、費用を見積もって、決算書に計上する。

団体交渉の席では会社幹部を相手にガンガンやった
ベースアップ分だけでなく夏のボーナスも退職金も有給の日数も彼の気迫で勝ちとった

貸借対照表

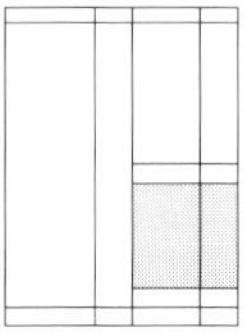

株主のお金、自分で稼いだお金が資本を担う

純資産の部の勘定科目を知る

（純資産の部）

Ⅰ株主資本

資本金

資本剰余金

利益剰余金

自己株式

Ⅱ評価・換算差額等

Ⅲ新株予約権

資本金：株主から出資してもらった金額のうち、会社法の定めに従って資本金としたもの。

資本剰余金：株主から出資してもらった金額のうち、資本金に組み入れなかったものを資本準備金（P60参照）という。さらに資本金を減らしたときの差益、自己株式を売却したときの差益も記載される。

利益剰余金：営業活動で得た儲けから、法律によって積み立てることを定められた利益準備金（P60参照）や、会社が任意に積み立てる任意積立金、株主への配当金として処分予定の当期未処分利益などが記載される。

純資産とは資産（会社の財産）から負債（会社の借金）を差し引いた純粋な財産のことだ。自己資本とも呼ばれる。

純資産は「資本金」と「剰余金」の二つに分けられる。

会社を始めるときに、必要なのが「資本金」だ。投資家などから集めることで、事業の元手となり、会社をスタートできる。資本金は会社を経営するための資金調達手段、一種の借金ともいえる。

しかし銀行から借入れする場合と違い、資本金は会社が存続する限り、返済する必要はない。その代わり、儲けが出た場合は配当金という形で株主に還元する。

けれども、資本金を取り崩してまで、出資者に還元する必要はな

「利益剰余金」は会社の儲け

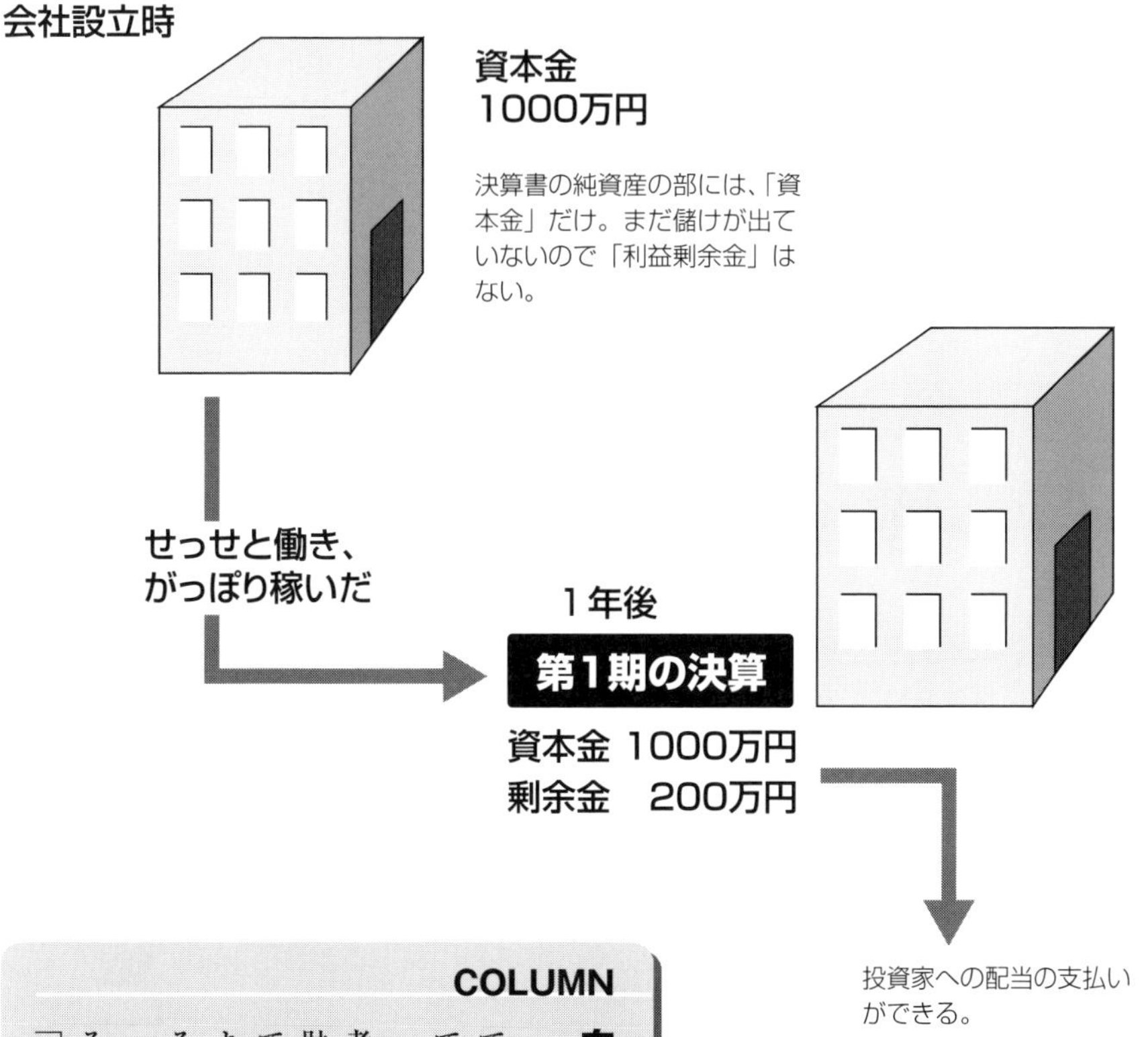
会社設立時
資本金
1000万円
決算書の純資産の部には、「資本金」だけ。まだ儲けが出ていないので「利益剰余金」はない。
せっせと働き、
がっぽり稼いだ
1年後
第1期の決算
資本金 1000万円
剰余金 200万円
投資家への配当の支払いができる。

い。つまり、出資者から集めた資本金の元本は、増資や減資をしない限り、一定額が保たれる。

「剰余金」には資本金に組み入れなかった「資本剰余金」と、会社の儲けから生まれた「利益剰余金」がある

COLUMN

自己株式って何?

純資産の部の株主資本の最後に記載されている自己株式とは、会社自身の株のことである。

従来、自己株式を購入することは、出資者に出資金を払い戻すことになり、会社の財産が危険な状態になるとして、規制されていた。しかし、平成一三年の商法改正により制限がなくなり、取得保有が認められるようになった。

余裕のある企業は、多額の配当金を抑えるため、自己株式を多くもっている。別名「金庫株」という。

貸借対照表

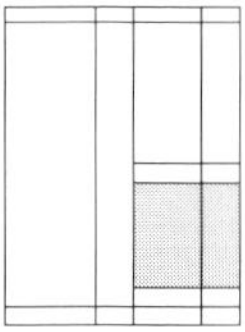

会社法に定められた、万が一に備える「準備金」

法定準備金となる2つの勘定科目をくわしく知る

（純資産の部）

Ⅰ 株主資本

資本金

資本剰余金

(1)資本準備金 ― 法定準備金の1つ。株主から出資してもらった金額のうち、資本金に組み込まなかったお金。

利益剰余金

(1)利益準備金 ― 法定準備金の1つ。利益のうち配当を行った場合に、その10分の1の額を強制的に積み立てないとならないお金。

(2)その他利益剰余金

株主保護、取引先保護を理由に、会社法では損失が出たとき、資本金を食いつぶすことを原則として禁じている。そのため、法定準備金を用意するようにしているのだ。

資本と資本金の違い

決算書のとおり、資本は広い概念で、そのなかに資本金がある。会社の元手が資本金で、有効に使って稼いだ利益のいままでの合計が利益剰余金だ。そして資本は資本金と剰余金の合計。会社が損失を出し、利益剰余金がなくなれば、マイナス表示される。そうなると資本は資本金より少なくなる。

資本金も剰余金も会社のお金だが、すべてを自由に使うことはできない。会社法により、ある程度のお金を準備しておくことが義務付けられている。これを法定準備金という。

法定準備金は「資本準備金」と「利益準備金」とに分けられる。

資本準備金は出資者から集めた資金を資本金に組み入れず、プールしておくものだ。損失が出たとき、会社法の厳しい取り決めで、資本金を減らす「減資」は原則として禁じられている。万が一に備えておくのだ。

利益準備金も同様に、剰余金すべてを会社の自由にさせないで、万が一に備えさせておくための勘定科目である。

法定準備金のしくみを知る

会社法で定められた準備金には資本準備金と利益準備金がある。この2つは出所が違う。

資本金

原則として会社設立時に株主から払い込まれた金額が資本金となる。なお、増資により払い込まれた金額のうち一部を資本準備金とすることができる。

剰余金

社外流出額の10分の1の額を積み立てなくてはならない。株主への配当金が100万円としたら、利益準備金は10万円。しかし、この累計額は資本金の4分の1を限度とし、それ以上の積み立ては任意積立金となる。

資本準備金

資本準備金は、資本金に組み入れなかった出資者からのお金。

利益準備金

利益準備金は会社の設立時からいままでに生み出した利益の蓄積。

‖

万が一に備えておく

COLUMN

株式が利益を生むしくみ

株式はもっているだけで利益を生む。会社の業績が上がれば、もっている株数分の配当金がもらえる。しかし、会社の業績が上がらなければ配当金はなく、倒産すれば株券は紙くず同然。

お金でなく、株式で配当されることもある。たとえば一〇〇〇株もっている人が、一〇〇株を無料で分けてもらえることがある。これを「株式配当」という。

また、株式を売ることでも利益が得られる。買ったときよりも売るほうが株価が高ければ、その差額が利益となる。

このような有価証券の売買での利益をキャピタル・ゲイン、損失をキャピタル・ロスともいう。

POINT 5

黒字と赤字で表記が違う

決算書は、会社が黒字なのか、赤字なのかによって使われる用語の表記が少しかわる。むずかしい違いではないので、確認しておこう。

赤字会社の決算書はこうかわる

黒字の場合		赤字の場合
売上総利益	→	売上総損失
営業利益	→	営業損失
経常利益	→	経常損失
（税引前）当期純利益	→	（税引前）当期純損失

　平成一八年国税庁統計情報によると、日本全国約二五九万の法人企業のうち、利益計上企業は、全体の三三・七％である。

　残りの六六・三％にもなる約一七二万社は赤字経営を続けている。平成元年には、赤字企業の割合が四九・六％だったことを考えると、状況は悪化したままだ。

　本書は、いままで決算書の記述のなかでは、黒字経営の観点から用語を説明してきた。そのため、赤字会社の決算書を見るときに、微妙な用語の違いに戸惑うことのないよう整理しておこう。

　といっても、単純なことなのだが、いままで「利益」と表記していたものが、「損失」にかわるだけだ。

日本の会社の半数以上が赤字経営

黒字企業と赤字企業の割合

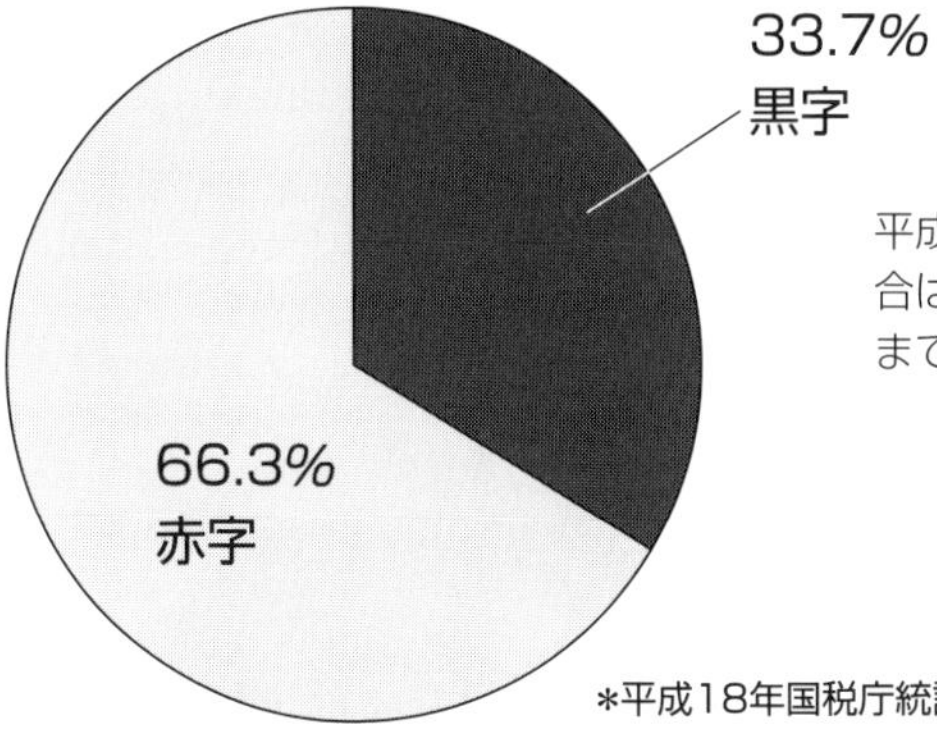
33.7%
黒字
66.3%
赤字

平成6年以降、赤字企業の割合は60% 以上を維持したままである。

*平成18年国税庁統計情報より改変

初芝先代会長の吉原初太郎です
経営というのは不況のときが一番大切なのだということを忘れてはいけません
不況のときにこそ　奉仕して利潤を追求してはいけない
みんなが困っているときに社会に奉仕すればそのことが評価されてあとで大きな利益となって自然に返ってくるものなのです

フガー

第3章

損益計算書

会社の勢いは「儲け」で決まる

損益計算書は、会社が会計期間に、いくら儲けたかを表す決算書だ。

儲けからは、会社の勢いが見えてくる。勢いとは、会社の成長力のことである。

まずは大きく2つに、さらに2つに分ける

損益計算書の構造は、経常（いつも変わらない）と特別(思いもよらない）な2つの損益（損失と利益）とに分ける。さらに経常損益を会社の本業か副業、どちらで儲けたかの2つに分ける。

損益計算書

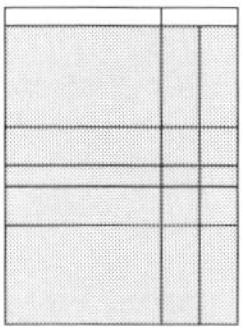

まず「いつもの儲け」と「特別な儲け」に分ける

「自」、「至」は平成○○年○月○日から平成○○年○月○日までという意味。この期間の損益の状況を表したものと確認できる。

科　目	金　額	
売上高		○○○
売上原価		○○○
売上総利益		○○○
販売費及び一般管理費		○○○
営業利益		○○○
営業外収益	○○○	○○○
営業外費用	○○○	○○○
経常利益		○○○
特別利益		○○○
特別損失		○○○
税引前当期純利益		○○○
法人税、住民税及び事業税		○○○
法人税等調整額		○○○
当期純利益		○○○

特別損益

今期に限り、特別に発生した損益や、前期以前の損益の修正。思いもよらなかった災害などの影響が記される。

貸借《たいしゃく》対照表が決算日時点の会社の「財産」を示す決算書であるのに対して、損益《そんえき》計算書は前決算日翌日から当決算日までの、期間の「儲け」を示す。

期間は損益計算書のタイトルの下に「自～、至～」と明記されている。通常一年間だが、大手企業では半期や四半期でも決算するため、気をつけよう。期間を間違って見てしまうと、正しい判断ができない。

損益計算書は、売上高から当期純利益まで、上から下へ目を通せば理解できる。

なかでも、五つの「儲け」の違いを知ることが大切だ。その前にまずはいつもの儲けと特別な儲けの違いを知ろう。

COLUMN

費用収益対応の原則

損益計算書を作成するときのルールとして、「費用収益対応の原則」が挙げられる。

ある収益を上げるためにかかった費用は、その収益を計上した会計期間と同じ期間に計上し、費用と収益を対応させなければならないというものだ。

収益である売上高に対して、それにかかわる費用の売上原価を例に挙げて考える。翌期の売上高に関係する売上原価を当期に計上したり、当期の売上高に関係する売上原価を翌期に繰り越したりと、収益と費用の関係を期間においてバラバラに計上してはならない。

今期の「収益と費用」は今期で、来期は来期という線引きをはっきりさせるルールである。これを守ることが、正確な損益計算書となるのに必要なのだ。

経常損益

毎期経常的に発生する損益。会社が日常している活動から生まれる儲けを記す。営業損益と営業外損益に分けて考える。

営業損益

会社本来の営業活動による損益。会社が日々続けている本業から生まれる儲けを記す。

営業外損益

会社の本業以外の活動による損益。たとえば、預金の利息、賃貸不動産の収入。毎年変わらず行ってはいるが、会社の本業ではないものを記す。

貸借対照表が英語でバランス・シート（Balance Sheet）と呼ばれるのに対して、損益計算書はプロフィット（利益）・アンド・ロス（損失）・ステイトメント（Profit and Loss Statement）と呼ばれる。

3月末日決算なら、収益も費用も3月末で締める

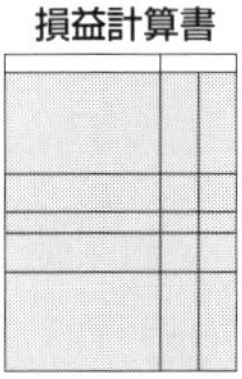
損益計算書

損益計算書を攻略する 3・5・5の分類

損益計算書を理解するための最大のテーマは、「五つの儲け」を知ることだ。

損益計算書を見ると、まず「営業損益」「営業外損益」「特別損益」に分けられ、さらに収益と費用がそれぞれ示されている。利益は、収益から費用を引き算して算出する。そして、その利益、つまり儲けの状況を五つに分けて示す。

この五つの儲けをあきらかにするために、損益計算書の科目を3・5・5に分類する。

3・5・5は、三つの収益、五つの費用、そして五つの利益だ。

五つの利益は、それぞれ異なる性格をもつ。この違いが理解できれば、損益計算書を攻略したも同然だ。

3つの収益、5つの費用、5つの利益

3・5・5に分けて順に計算していくことが、損益計算書を理解することだ。

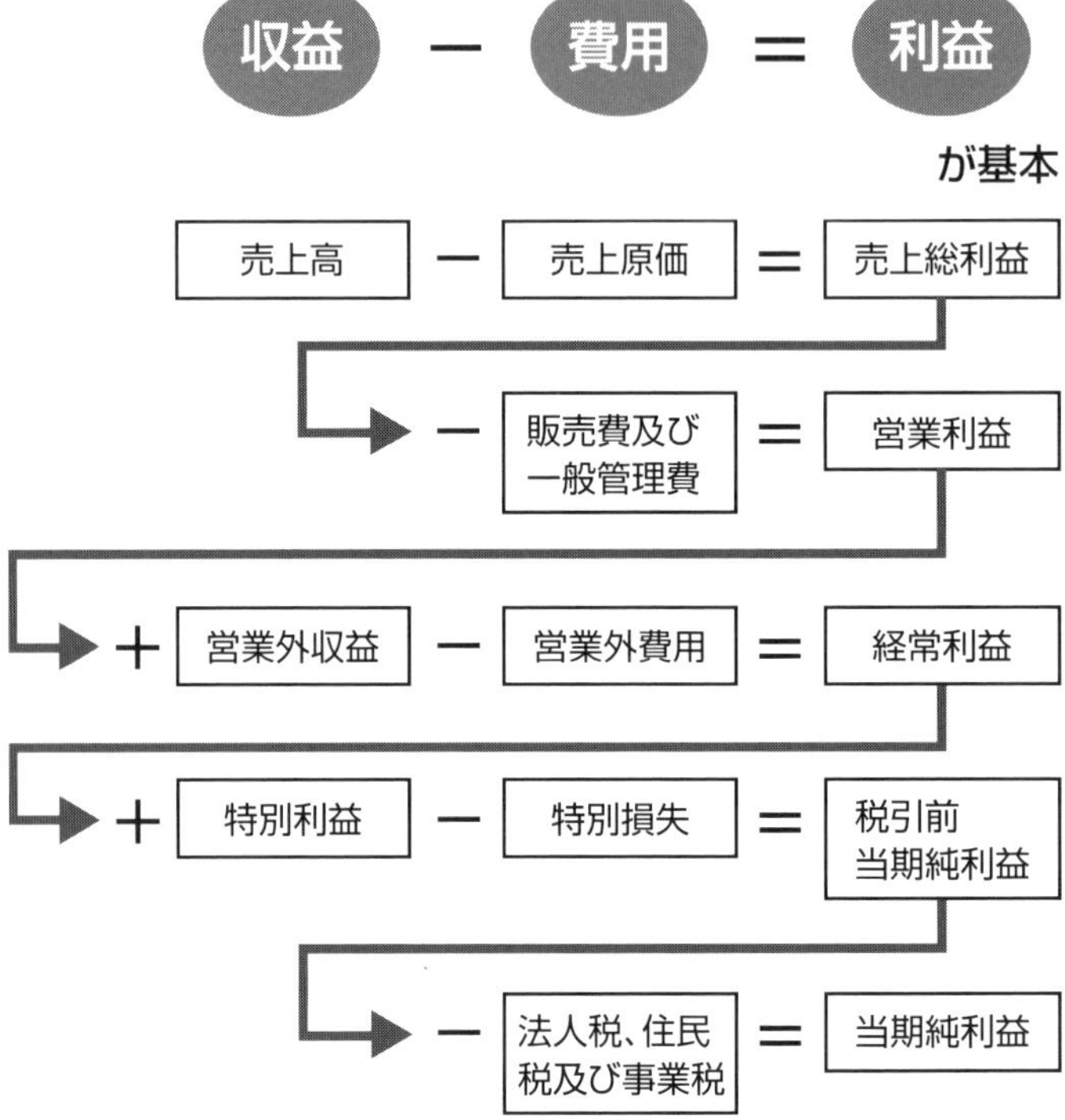
収益 − 費用 ＝ 利益
が基本
売上高 − 売上原価 ＝ 売上総利益
− 販売費及び一般管理費 ＝ 営業利益
＋ 営業外収益 − 営業外費用 ＝ 経常利益
＋ 特別利益 − 特別損失 ＝ 税引前当期純利益
− 法人税、住民税及び事業税 ＝ 当期純利益

収益、費用を分類

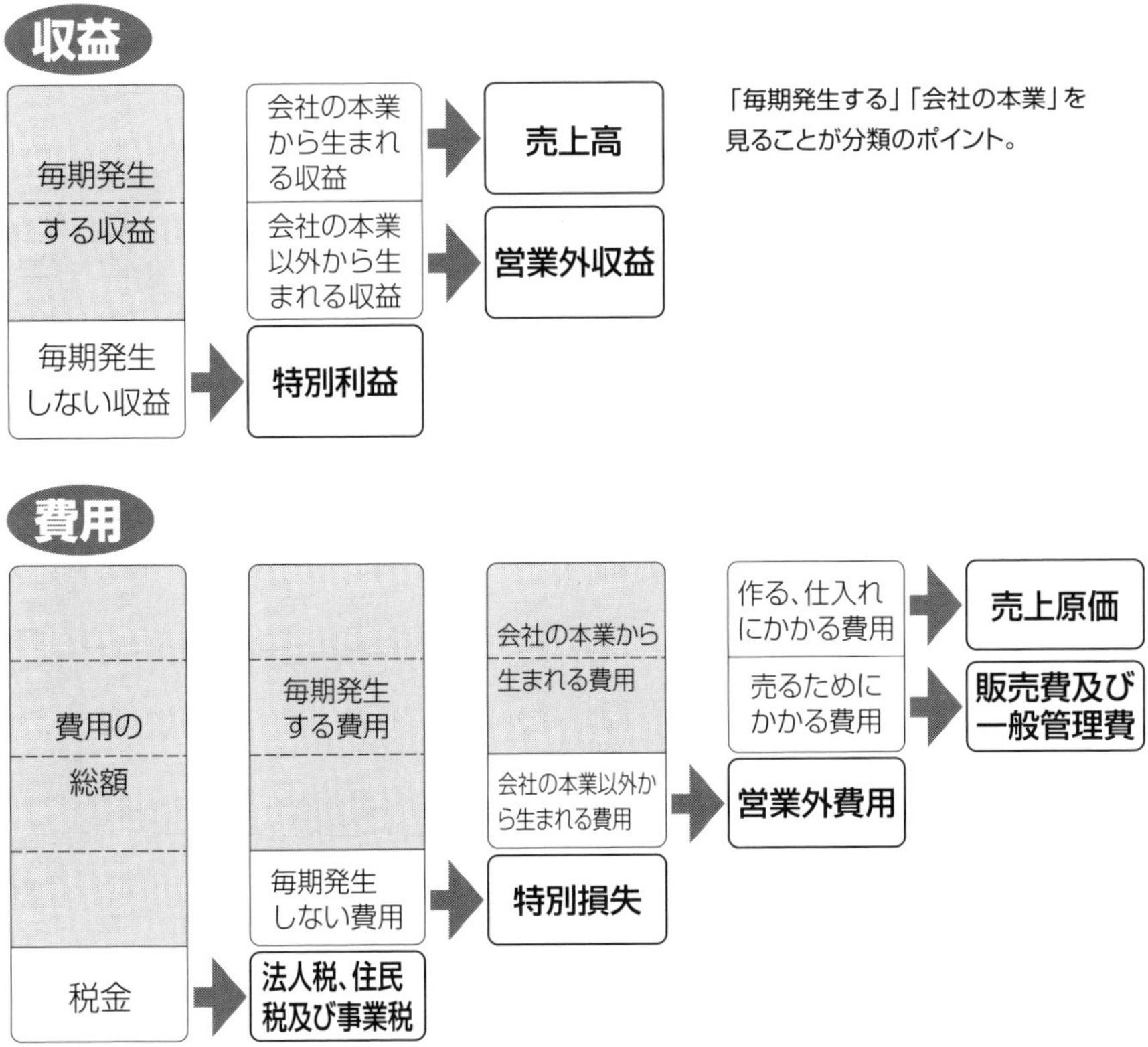
収益
毎期発生する収益
会社の本業から生まれる収益
売上高
会社の本業以外から生まれる収益
営業外収益
毎期発生しない収益
特別利益
「毎期発生する」「会社の本業」を見ることが分類のポイント。
費用
費用の総額
毎期発生する費用
会社の本業から生まれる費用
作る、仕入れにかかる費用
売上原価
売るためにかかる費用
販売費及び一般管理費
会社の本業以外から生まれる費用
営業外費用
毎期発生しない費用
特別損失
税金
法人税、住民税及び事業税

COLUMN

「収益」と「収入」、「費用」と「支出」の違い

ビジネスの現場で「勘定あって銭足らず」という言葉を聞いたことはないだろうか。収益と収入、費用と支出の違いがこの言葉を生んだのである。信用取引において発生する受取手形を手にした場合、収益にはなるが、収入にはならない。収益は売ったということで、収益になる。

一方、収入は金銭の増減に注目して判断する。つまり受取手形を現金で回収した時点で、収入になるわけだ。収入のない収益というものがあることを頭に入れておこう。

費用と支出も同様、信用取引で生まれる支払手形を発行した場合、費用にはなっても支出にはならない。金銭の増減が支出の判断基準になる。

損益計算書

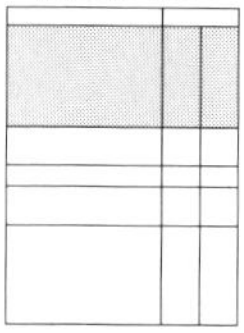

本業で稼いだお金を最初に見る

売上高なくして損益なし

5つの利益すべての源となる売上高。会社の本業での稼ぎが示される。

- 売上高
- 売上原価
- 売上総利益
- 販売費及び一般管理費

商品や製品の販売、サービスの提供など、会社の主な営業活動から生まれた収益。

売上高を意味する表記は、サービス業では営業収益、銀行では経常収益となる。

Q 売り上げと利益はどちらに注目？

A 現実として、いくら売り上げを増やしても、手元に利益が残らなければ意味がない。最後に残るのは、当期純利益になるので、利益の数字に注目したいところだろう。

しかし、考えてみると、当期純利益は本業以外で操作できる数字だ。たとえば、費用を削っても、利益は増える。こういうことは長続きしない。いずれ利益が減っていくことになる。

やはり、会社自らが稼ぎ出した売上高こそ事業を続けていくうえで重要となる。今後の発展には利益の根本となる売上高の成長が欠かせないのだ。

会社の成長には、売上高を増やすことが不可欠なので、注目度の高い勘定科目《かんじょうかもく》だ。

売上高は会社の本業で稼いだ金額の合計で、製造業を生業とする会社が、不動産を売却して得る利益などは、ここには入らない。また、売上高はコストや税金など、何も引かれていない、その期間中に稼いだ金額を表す。

売上高については何より、売り上げを計上するタイミングを知らなければならない。

たとえば、私たちがバザーを行ったとき、その場でお金をもらい、売り上げとする。しかし、売掛金が発生する会社間の取引では、お金をもらわなくても売り上げを計上するのだ。

Q 売上高を計上するのはどのようなとき？1つ選んでみよう

1 商品の注文を受けたとき

2 商品を発送したとき

3 請求書を発送したとき

4 売上代金が入ったとき

A 答えは2

2のタイミングで計上することを「実現主義」という。売上高を含めた3つの収益は、実現主義で計上することを、会計のルールとしている。

しっかりとしたルールがあって初めて、他の会社と売上高を比較できるわけだ。

ちなみに、1のタイミングで計上することを「発生主義」、4のタイミングで計上することを「現金主義」という。3のタイミングは、単なる事務的作業である。

収益は実現主義、費用は発生主義

収益を計上するルールは実現主義だ。損益計算書ではもう1つ、費用の計上は発生主義というルールがある。品物を渡せば、入金される前に売り上げを計上するように、買って自分のものになれば、現金は後で払うときでも費用として未払いに計上する。なお、すべて現金の収支を基準に計上することを現金主義という。

※確実性・客観性……1の注文を受けたときでは、売り上げは計上しない。発生主義を採用すると、注文を受けた段階で在庫がなく、注文に応じられない場合があることや、相手に注文をキャンセルされる可能性もあるからだ。

COLUMN

売上高と売掛金の密なる関係

会社は売上高を増やしたい。そのため、価格調整をする。商品がだまっていても売れるようなら、値上げしたり、消費がくすぶるようであれば、値下げしたりする。

また、売掛金に手心を加えて売上金を増やす方法もある。取引先に対して、入金条件を緩和するのだ。いつもなら、今月の売上代金は翌月末の入金であったものを、半年先にまで延ばす。これを条件に、多く商品を買ってもらうのだ。これで売り上げは伸びる。

しかし、貸借対照表を見ると以前の何倍にも売掛金が増えているおそれがある。売上債権の抱えすぎは、倒産の危険をはらむ。売上高急増の裏側にも目を配る必要がある。

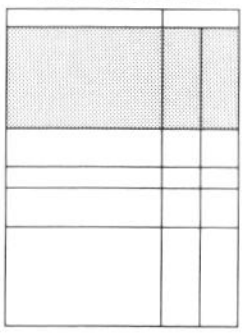
損益計算書

仕入れにかかるお金、モノ作りにかかるお金

売れた商品の数にだけ対応させる売上原価

売れたものにかかる原価だから、売上原価。売れ残りは貸借対照表のたな卸資産に計上される。

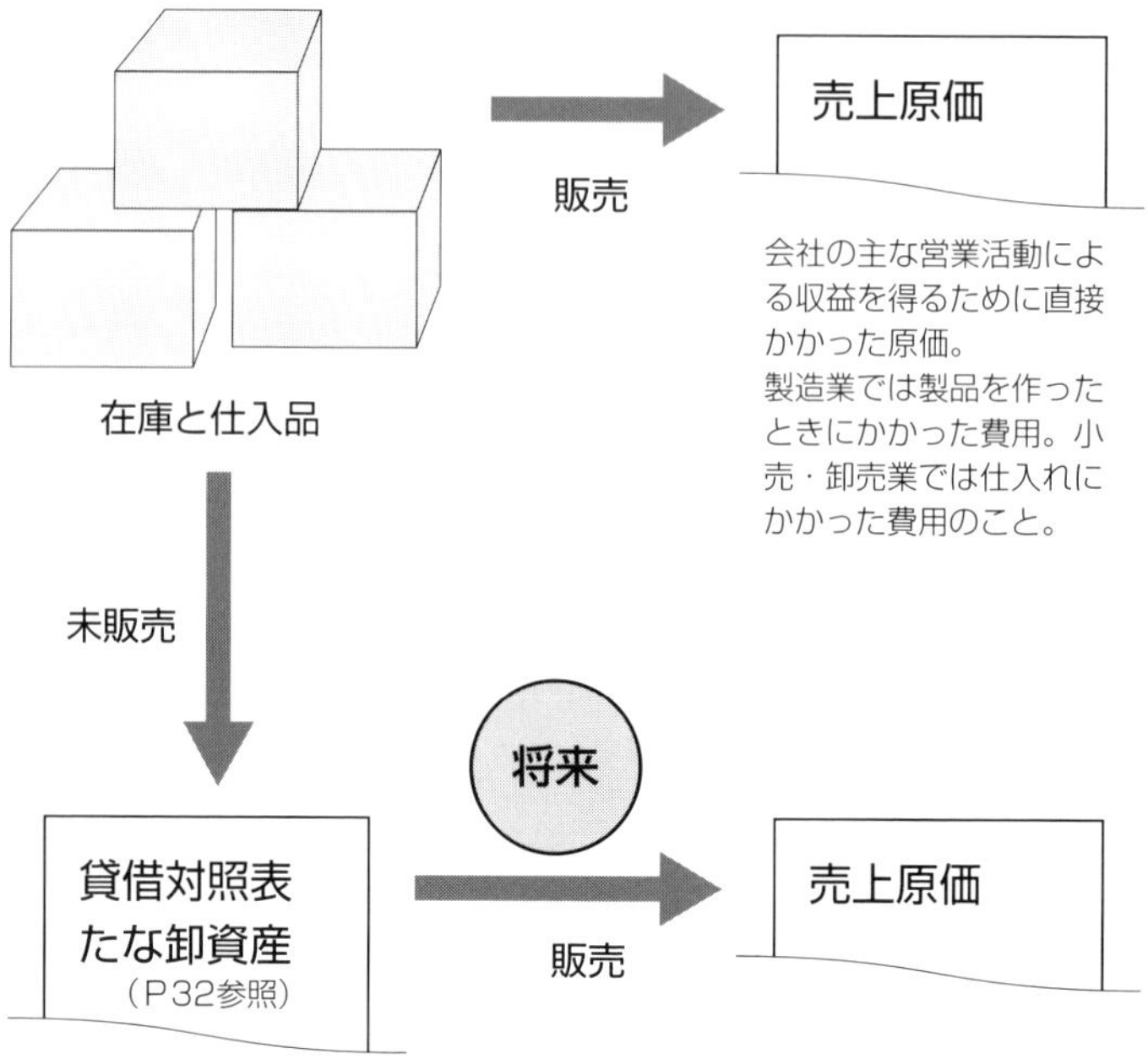
在庫と仕入品
販売
売上原価
会社の主な営業活動による収益を得るために直接かかった原価。
製造業では製品を作ったときにかかった費用。小売・卸売業では仕入れにかかった費用のこと。
未販売
将来
貸借対照表
たな卸資産
（P32参照）
販売
売上原価

売上原価とは商品を仕入れたり、製品を作ったりしたときにかかった金額のことだ。

覚えておきたいのは、売上原価は仕入れたり、作ったりしたもの全部にかかる費用ではないことだ。あくまで、実際に売れた商品や製品の分だけを対象にするのだ。在庫となった商品や製品は、売上原価にはならない。

売上高を計算するには、売上伝票を、一つひとつ集計していけばよい。しかし、売上原価でそれを行うのは困難である。そのため、ある計算式（左上参照）を用いる。

そこで大切なのが、会計期間の初めから、倉庫に眠っていた在庫の存在を見落とさず、計算式に組み入れることだ。

売上原価の計算方法

今期の仕入れだけでなく、前期からあった在庫も、今期の商品になる。期首たな卸高をチェック。もともとあった在庫を忘れてはいけない。

　　期首商品たな卸高
＋）当期商品仕入高（仕入①＋仕入②）
－）期末商品たな卸高
―――――――――――――――
　　売上原価

例

仕入価格1本1000円のワインを1本1500円で5本売った場合

期首在庫は1本、仕入日①で3本、仕入日②で3本仕入れた。

売上高＝5本×1500円＝7500円

売上原価＝1本×1000円＋6本×1000円－2本×1000円＝5000円

（1本×1000円：期首商品たな卸高／6本×1000円：当期商品仕入高／2本×1000円：期末商品たな卸高）

COLUMN

粉飾決算と逆粉飾決算の違い

　期末の在庫確認をきちんと行わないことには、正確な売上原価は出てこない。在庫の数字一つの間違いが、利益に大きな影響を与える。

　このことを悪用される場合がある。

　架空の在庫を計上し、売上原価を下げることで、実際の数字以上に、多くの利益を決算書上に載せる。これを「粉飾決算」という。業績不振の会社が、銀行や株主へのアピールなど、社会的信用を得るために行うことがある。

　反対に、実際より、利益を少なく計算することもある。これを「逆粉飾決算」という。

　少なく計算する理由は、税金対策のためである。業績好調の会社が行うことがある。

損益計算書

商品、製品の魅力が売上総利益に表れる

5つの利益のなかでも、最も基礎的な売上総利益

会社の本業で扱う商品、製品で、どれだけ儲かったかを知る。そのために必要なのが、前ページで説明した売上高と売上原価だ。

商品や製品を販売して得た売上高から、販売した商品の仕入れにかかった費用、製品の製造にかかった費用などの売上原価を引いた利益。粗利やマージンとも呼ばれる。

売上高
売上原価
売上総利益
販売費及び一般管理費
営業利益

売上総利益の公式

売上総利益は売上高から売上原価を引いて求める。

売上高	
売上総利益	売上原価

↓

売上総利益 ＝ 売上高 － 売上原価

復習

売上原価 ＝ 期首商品（製品）たな卸高 ＋ 当期商品仕入高（当期製品製造原価） － 期末商品（製品）たな卸高

（P72参照）

販売店の平均粗利はいくらだ?
だいたい20パーセントです
そうか……そりゃ相当値引きして売るんだな

Q 前期に比べて、売上総利益が少ないのはなぜ?

A まず、決算書を見るとき、前期よりも売上原価が高くなっていないかチェックしてみよう。

いままで100円で仕入れていたものが、120円になっていては、当然、売上総利益は落ち込む。もう一つ、仕入額の値上がりだけでなく、仕入品の数が増えていないかチェックすることも必要だ。

もし、他社と比較する場合は、同じ期間の決算書を用意し、双方の仕入品の額と数に、違いがないか調べよう。

損益計算書の最初に表示される収益が「売上高」、費用が「売上原価」だった。そして、売上高から売上原価を引いたものが、最初の利益、「売上総利益」だ。

売上総利益は、一般的に「粗利《あらり》」と呼ばれる。

粗利は、人件費や広告費などを差し引く前の利益であり、製品や商品そのものの価値が生み出した利益である。

どこにもまねできない製品や独自のルートから仕入れた商品をもつ会社は粗利がよい。会社の商品力、製品力の魅力を読み取る目安の一つになるといえる。

同業種と比較し、同じ売り上げでも粗利が上をいけば、その会社は魅力的な活動をしているはずだ。

損益計算書

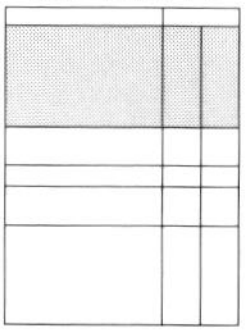

売るため、管理するためにかかる費用

販売費及び一般管理費の勘定科目

販売費及び一般管理費（販管費）の勘定科目の例をあげた。これでもまだほんの一部だ。販管費は種類が多く、費用も多額になる。

給与

役員、従業員に対する給与、賞与など。

配送費

商品や製品を梱包、配送する費用。

売上高
売上原価
売上総利益
販売費及び一般管理費
営業利益

通信費

電話代、郵便代などの通信に要した費用。

賃借料

土地建物、機械などの使用料、リース料。

水道光熱費

水道代、電気代、ガス代など。

販売費及び一般管理費とは「会社の販売及び一般管理業務に関して発生したすべての費用」のことだ。略して「販管費」、またの名を「営業経費」という。

売上原価は商品や製品を仕入れたり、作ったりするのにかかった費用だ（P72参照）。

それに対し、商品を売るためにかかる広告費や配送費などの費用が販売費だ。また、会社の事務所の賃借料や税金などの費用が一般管理費である。この販売費と一般管理費はまとめて扱う。区別するのが難しいからだ。

例として、ショールームのための賃借料を考えてみよう。賃借料は一般管理費のはずだ。しかし、この場合、販売を目的とする費用と考えれば、販売費ではないか、となる。

　はっきり区別してしまうと、このような疑問であふれかえってしまう。そのため、「販管費」とひとまとめにするのだ。しかも、どの費用をどの科目に組み込むかは、会社が自由に決められる。

　販管費はその内訳をくわしく見る必要がある。

減価償却費

固定資産の価値の減少分を費用化したもの。

修繕費

建物や機械などの修理に要した費用。

接待交際費

取引先との接待、お中元、お歳暮などの贈答のための費用。

旅費交通費

業務に必要な出張旅費、タクシー代、電車代など。

租税公課

国税、地方税ほか、国、地方公共団体への税金以外の負担金。

貸倒損失

受取手形、売掛金など金銭債権の回収ができなかった損失。

福利厚生費

健康診断料、社内慶弔見舞金、社員パーティーなどの社員の福利厚生のために任意に要した費用。

広告宣伝費

商品等の広告宣伝にかかる費用。

COLUMN

一般管理費は「固定費」、販売費は「変動費」

　売上原価や販管費などの費用は、「固定費」と「変動費」とに分けられる。

　販売費に属する広告宣伝費や商品の発送費用などは「変動費」だ。

　これは、売上高が増えれば増加し、売上高が減れば減る特徴がある。売上高に比例して増減する費用を「変動費」という。

　一方、一般管理費に属する従業員の給料や事務所の賃借料などは「固定費」だ。

　テナントの会社が、より多く稼いでいるからといって、家賃を高くする大家はいない。

　このように、売上高の増減があっても、変化しない費用を「固定費」という。

POINT 6

人件費と接待交際費

種類が多い販売費及び一般管理費は、多額となる。なかでも多くの人が興味のある人件費と接待交際費についてもう少しくわしく解説しておこう。

時代を映す人件費

会社は人件費の負担を軽くすることを常に考えている。

グラフに見られるようにさまざまな対策を講じている。ここでは、その内訳に注目してみよう。

人件費負担の対策として力を入れているのは?

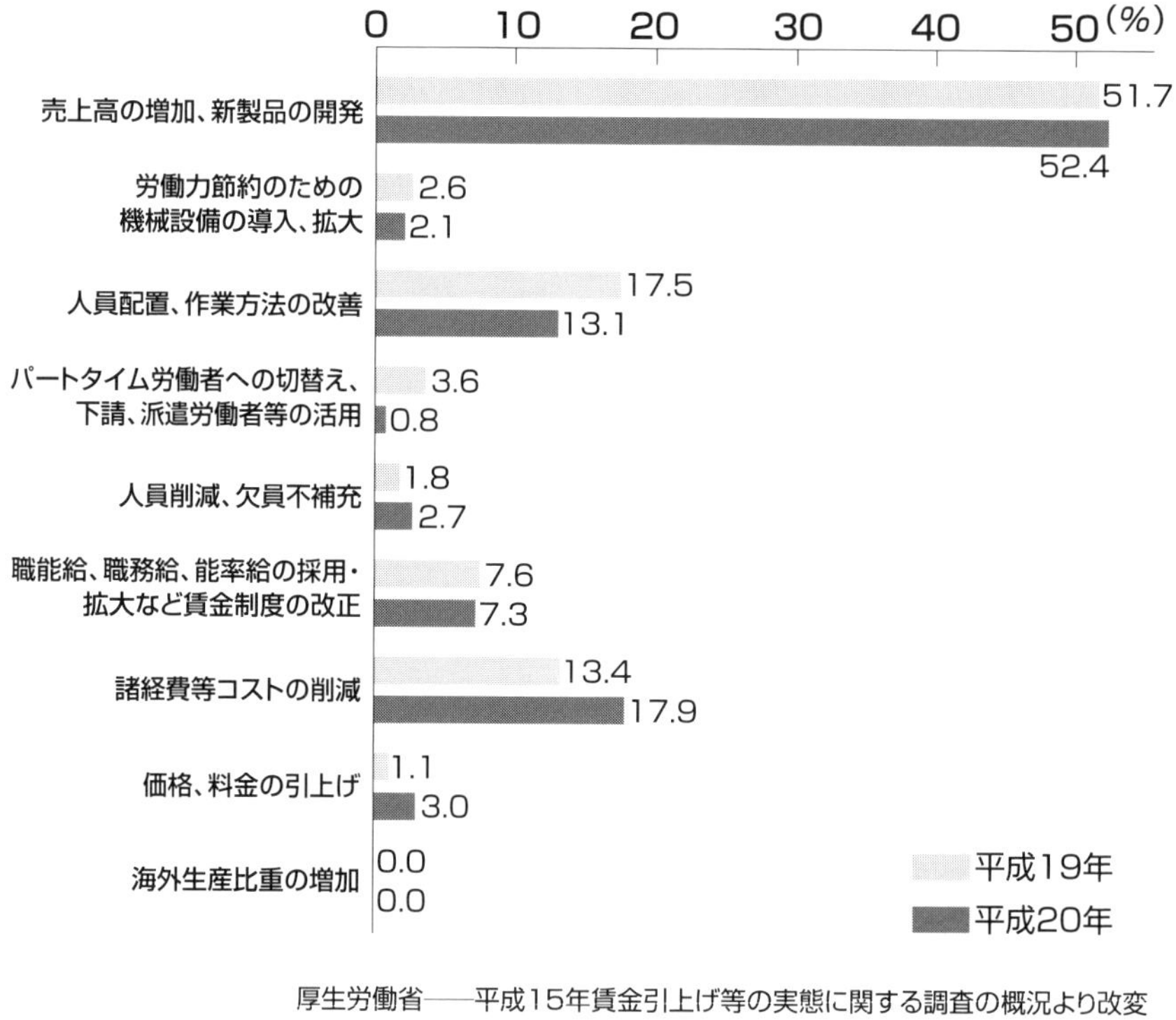

0 10 20 30 40 50 (%)
売上高の増加、新製品の開発 51.7 52.4
労働力節約のための機械設備の導入、拡大 2.6 2.1
人員配置、作業方法の改善 17.5 13.1
パートタイム労働者への切替え、下請、派遣労働者等の活用 3.6 0.8
人員削減、欠員不補充 1.8 2.7
職能給、職務給、能率給の採用・拡大など賃金制度の改正 7.6 7.3
諸経費等コストの削減 13.4 17.9
価格、料金の引上げ 1.1 3.0
海外生産比重の増加 0.0 0.0
平成19年
平成20年

厚生労働省——平成15年賃金引上げ等の実態に関する調査の概況より改変

上図を見ると、多くの会社が「売上高の増加、新製品の開発」に力を入れて「諸経費等のコストを削減」することで人件費負担に対策していることがうかがえる。

一方で、「パートタイム労働者への切替え、下請、派遣労働者等の活用」が減り、「人員削減、欠員不補充」が増えている。不況のあおりを受けている時代の状況を如実に反映しているのだ。

税金分を加算される接待交際費

接待交際費は放っておくとどんどん増えてしまい、多額の経費として処理される性質がある。

また、税金上の決まりごとが設けられている。接待交際費は法人税法上、ほかの販管費と違う扱いをうけ、経費で落とせる金額が定められているのだ。

資本金1億円を超える大会社では、すべての接待交際費を経費として認めない。

中小規模の会社でも限度額を超えると、経費として落ちない（損金不算入）。

接待交際費の損金算入限度額

資本金の額	算入限度額
1億円超	全額損金不算入
1億円以下	年間400万円 ただし、支出額が限度内であっても、支出額の10%は損金不算入

Q 損金って何？

A 会社の税金を計算するための法律が法人税法だ。法人税法では、決算書で利益といっていたものを所得、収益を益金、費用を損金と呼ぶ。

決算書作成のルールと税金計算のルールが違うため、利益と所得は、完全に一致しない。

その1つが、接待交際費の無駄遣いを抑えるための損金算入限度額だ。損金と費用は似て非なるものと注意しておこう。

会議費と接待交際費

仕事をするとき、会社内の人間や取引先との打ち合わせは欠かせない。食事をしながらということも多いだろう。

そのとき、会議費であれば経費として落ちるが、接待交際費は図に示すとおり、法人税が課税される。

そのとき、知っておきたいのが、会議費と接待交際費の境目である。

会議に際して通常供与される昼食の程度を超えない飲食費は会議費となる。

また、一定の書類の保存を要件として一人当たり5000円以下の飲食費等は会議費とされるが自社の役員や社員の接待等のために支出される飲食費は交際費とされるので注意すべきだ。

年功序列か……
そんな時代もあったのか
なんてときが
くるのかな……
そんなに悪いものでも
ないと
思うんだけどな……

損益計算書

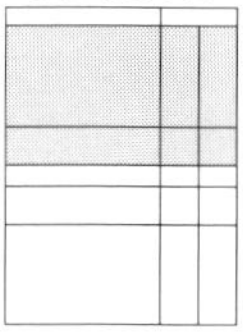

本業での活動で得た儲けをまとめた営業利益

5つの利益のうち2つめに登場する営業利益

会社が本業だけでどれだけ儲けたかを知るには、営業利益を見る。

会計期間の稼ぎ（売上高）から仕入れ、原材料費、人件費、管理費など、売るまでにかかった費用すべてを差し引いて、割り出す利益。

- 売上高
- 売上原価
- 売上総利益
- 販売費及び一般管理費
- 営業利益

営業利益の求め方

売上高 － 売上原価 ＝ 売上総利益

売上総利益 － 販売費及び一般管理費 ＝ 営業利益

販売費及び一般管理費 ＞ 売上総利益 ▶ 営業損失

売上高から売上原価を引いた粗利を売上総利益という（P74参照）。そこから、製品や商品を売るための費用と、会社を管理するためにかかった費用を合わせた「販売費及び一般管理費」を引くと、営業利益が求められる。

五つの利益のうち、二番目に登場する営業利益は、会社の本業の活動から得た利益のことだ。

もし、営業利益がマイナスになるようなことがあると、営業損失と名を変える。

営業利益からは、会社の将来の道すじが見えてくる。営業利益の額が高く、増加傾向にあれば、将来性は十分。額が低落傾向にあれば、販売戦略を練り直すか、新製品の開発が必要だ。

営業利益が出ていることが重要

損益計算書を見ると営業利益の下に１つ、区切りが入り、営業損益としてまとめられている。理由はより適切な判断を、読む者に促すためだ。
副業や金融上の費用と、本業にかかわる費用とがごちゃごちゃになってしまったら、会社の実像が見えてこない。
損益計算書の進め方に従って、区切りごとに読み取っていくのが、読み方のコツである。

項目	区分
売上高	本業の成績
売上原価	本業の成績
売上総利益	本業の成績
販売費及び一般管理費	本業の成績
営業利益	本業の成績
営業外収益	副業、金融上の損益
営業外費用	副業、金融上の損益

Q 前期に比べて、営業利益が少ないのはなぜ？

A 販売費及び一般管理費が増加していないか、確認しよう。売上総利益が前期とそう変わらないのであればなおさらである。

販売費及び一般管理費は、人件費、広告宣伝費など多種にわたり、しかも多額になるものが多い。前年と比べ、人件費が増加したのに、営業利益が落ち込んでいるようだと、人件費の検討は不可欠であろう。

同業種と比べても、営業利益が低いようなら、アルバイト、契約社員の数など、人件費の節約方法などに違いがあるのかもしれない。

会社は本業以外でも儲けたり、損したり

本業に付随する副業の成績を見る

損益計算書を区切る営業外損益には、営業外収益と営業外費用が記載されている。勘定科目をくわしく見ていこう。

損益計算書

会社の本業以外に、副業、金融上の稼ぎとコストなどをひとまとめにしてある。

営業利益
営業外収益
営業外費用

手形売却損
手形を銀行などで、割り引いてもらったときの割引料など。

支払利息
借入金や社債の利息など、金融上の利子。

有価証券売却損
市場性のある、短期に保有する有価証券を売却したときの損失。

雑損失
営業外費用のうち重要度と金額の低いものをまとめて処理する科目。

為替差損
外国通貨を円に換算したとき、為替相場の変動によって失う損失。

営業外損益を構成する営業外収益と営業外費用は、会社が本来の営業以外の活動での収益、費用をいう。いわば副業の成績なので、本来の営業活動からは分けて表示される。

営業外収益とは、もっている現金を銀行に預けた際の利息、他社の社債を購入した場合の利息、また、株式を購入した場合に受け取る配当金などをいう。

営業外費用は逆に、銀行から借り入れたお金にかかる金利や、株式、社債を売ったときに生まれる有価証券売却損、株が値下がりしたときの有価証券評価損などだ。

このような活動を財テクという。なかには本業に匹敵するほど積極的に行っている会社もある。

受取配当金
所有する株式の配当金、信用金庫からの剰余金の分配など。

有価証券売却益
市場性のある、短期に保有する有価証券を売却したときの利益。

受取利息
預貯金の利子、有価証券の利子、貸付金の利子など。

雑収入
営業外収益のうち重要度と金額の低いものをまとめて処理する科目。

為替差益
外国通貨を円貨に換算したときの為替相場の変動によって得る利益。

Q 手形売却損とは

A 信用取引において手形を受け取った場合、支払期限を待ってから銀行にもっていけば、現金と交換してくれる。

けれども、急に現金が入用のときがある。そういうとき、手形を銀行にもっていけば、その手形を発行した会社の信用にもよるが、銀行は手形を預かったうえで現金と交換してくれる。

だが、手形の金額全部を現金化するのではなく、支払期日までの金利分を差し引いた額になる。

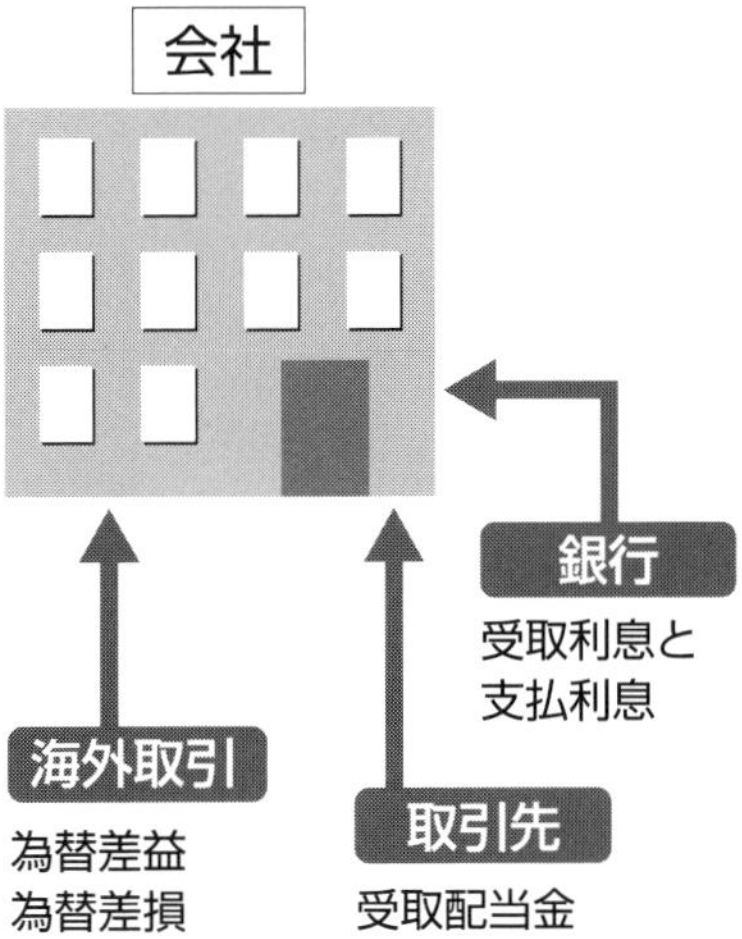

会社
銀行
受取利息と
支払利息
海外取引
為替差益
為替差損
取引先
受取配当金

COLUMN

バブルと財テク

一九八九年の暮れ、日経平均株価[※]は、三万八九一五円で、過去最高を記録した。

バブル絶頂期であり、本業そっちのけで日本中の会社が、財テクに走ったのもその頃だ。大手新聞各紙が、財テク紙面を作るほど、国民一体となって、投資に夢中になっていた。

八九年の最高値を最後に、九〇年代に入ってからは、株価は下がり続け、バブルは終焉を迎えた。

日経平均株価は、バブル後最安値を更新しつづけ、財テクに熱を上げた会社ほど、再建に苦しんだ。

※東京証券取引所の第一部に上場している約一五〇〇社のなかから二二五社の株価をもとに計算する。

最も重要視されているといっても過言ではない利益

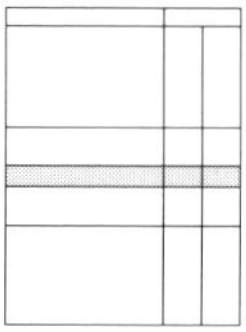
損益計算書

計上ではなく、経常。毎期必ず起きること

災害や事故など特殊な事情を抜きにして、会社が、平常時の活動でいくら儲けたかを表す経常利益。計上利益と混同しないよう、「ケイツネ利益」と呼んだりもする。

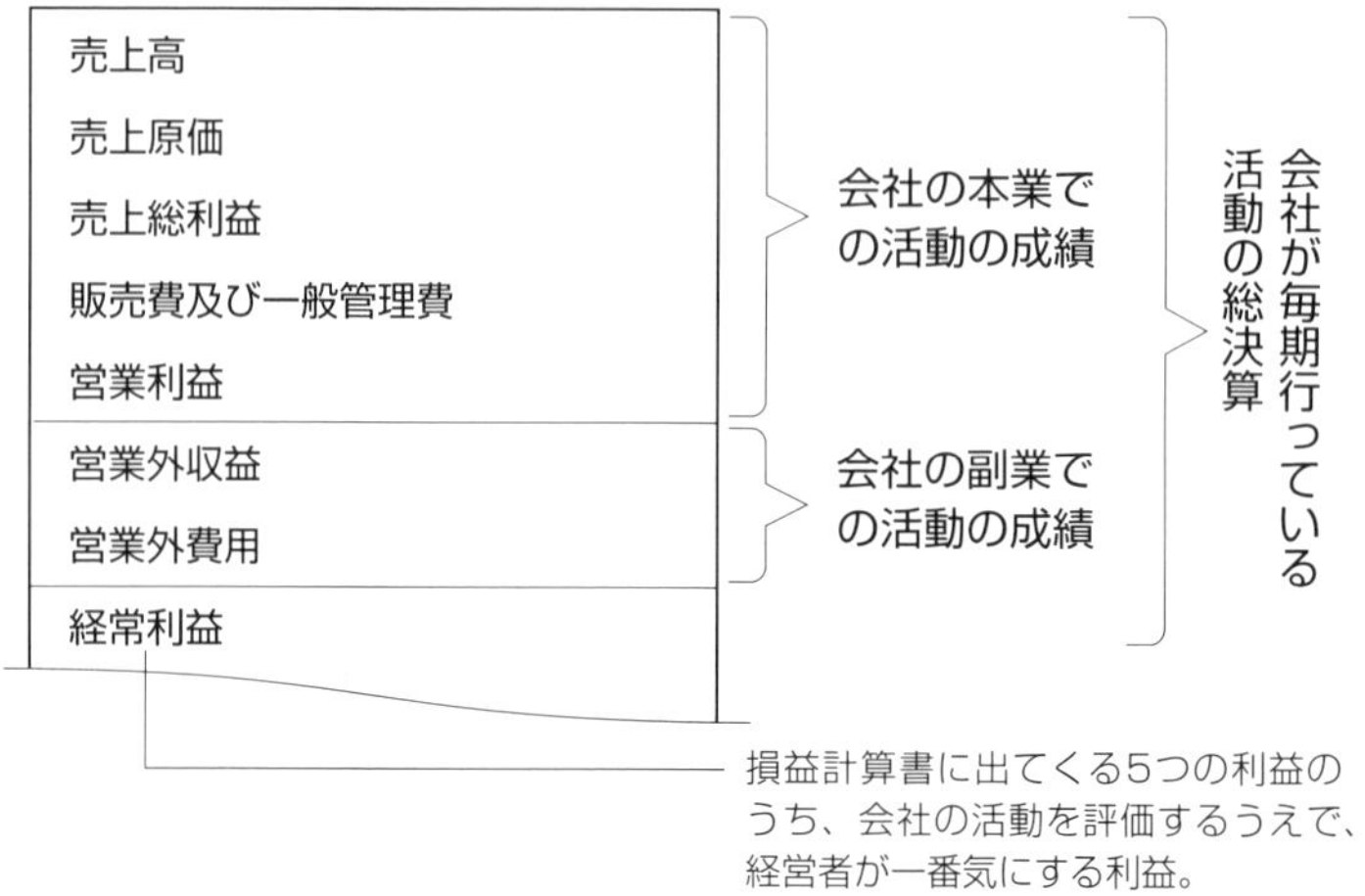
売上高
売上原価
売上総利益
販売費及び一般管理費
営業利益
営業外収益
営業外費用
経常利益
会社の本業での活動の成績
会社の副業での活動の成績
会社が毎期行っている活動の総決算
損益計算書に出てくる5つの利益のうち、会社の活動を評価するうえで、経営者が一番気にする利益。

経常利益の求め方

売上高 － 売上原価 ＝ 売上総利益

売上総利益 － 販売費及び一般管理費 ＝ 営業利益

営業利益 ＋ 営業外収益 － 営業外費用 ＝ 経常利益

経常利益と売上高は、前期との比較が不可欠

会社の決算報告が新聞や雑誌、テレビで、賑わい出すとともに、「増収増益」「減収増益」という言葉が飛び交う。それは何を意味するのか。

売上高比較

前期の損益計算書と、当期の損益計算書を比較する。ここから、会社の取引が、どう動いたかを見る。前期に比べ、当期の売上高が増えていれば「増収」、減っていれば「減収」だ。

経常利益比較

前期の損益計算書と、当期の損益計算書を比較する。ここから、会社が毎期に利益をどれだけ生み出しているかを比較する。前期に比べ、当期の経常利益が増えていれば「増益」、減っていれば「減益」だ。

ハツシバ、「イナズマテレビ」好調で、中間決算は増収増益。一方、ポニーは「パイオ」が好調も市場価格の下落で増収減益
んっ？

損益の動き	評価	
増収増益	優	素晴らしい。この調子。ビジネスチャンスを逃してはならない
増収減益	可	売り上げが増えたのに何故、減益になったのか、薄利で売っていないか要確認
減収増益	可	人件費削減などの企業の判断がうまくいった形。しかし、あまりの経費削減は、長期的に見て好ましくない。売り上げを伸ばす努力を
減収減益	不可	危険だ。何期にもわたって続いているのであれば、構造改革が必要である。倒産の二文字がちらつく

経常とは、「その会社の実力で毎期発生する」という意味で、本業も財テクも含めて、会社の活動すべての成績をまとめた項目だ。

会社の総合力をはかるうえで、欠かせない科目だ。経常利益に目をこらしてみると、多くのことがわかる。

売上高がプラスなのに、経常利益がマイナスという会社がある。これは、本業で稼いでいるが財テクに失敗したか、借入金が多く支払利息が多いと見て取れる。

逆に売上高はさほどないのに、経常利益はよい数字を残している会社もある。これは、財テクで稼いでいるということが見て取れ、経常利益は会社の実力を表すといえども、将来性に疑問が残る。

損益計算書

アンビリーバブルな出来事は利益か損失か？

特別損益を構成する利益と損失

経常性から離れた特別な利益と損失の勘定科目。利益、損失と表記されているが、会計上、特別利益は収益、特別損失は費用と考える。

経常利益
特別利益
特別損失
税引前当期純利益

固定資産売却損

固定資産を決算書に記載している金額よりも低い価格で売ったときに生じる損失。

投資有価証券売却損

投資目的で所有する有価証券を決算書に記載している金額より低い価格で売ったときに生じる損失。よく似たものに子会社株式売却損がある。

損害賠償損失

損害賠償により、現金を支払った場合に生じる損失。

災害損失

風水害、火災などあらゆる天災によって生じる損失。

会社も、無病息災といきたいものだが、必ずといっていいほどトラブルは起きる。

事故や過失でオフィスが火事に見舞われてしまったとしよう。もちろん、毎期毎期、火事を起こす会社など稀なので、いつもの活動を記す経常の損益に、火災の損失を計上するわけにはいかない。

こうした予期せぬ出来事に対して、処理する科目が特別損益の特別利益と特別損失である。

火災などの災害損失のほかにも、固定資産売却損や投資有価証券売却損も特別損失に計上される。逆に固定資産の売却などで儲けた場合は、特別利益に計上する。

思いもよらなかった出来事の結果を示すのが特別損益だ。

コスモス・スタジオの火災で
コンピュータの組みこまれた
ハイテクのティラノザウルスが
焼けてしまった
確か　これだけで100億近く
かかっているはずだ

固定資産売却益

固定資産を決算書に記載している金額よりも高い価格で売ったときに生じる収益。

投資有価証券売却益

投資目的で所有する有価証券を決算書に記載している金額より高い価格で売ったときに生じる収益。よく似たものに子会社株式売却益がある。

前期損益修正益

前期の決算書に間違いがあり、実際より多くの費用を計上した場合などを当期で調整する。

債務免除益

仕入れの相手に対する買掛金その他の債務の全部または一部について債務免除を受ける。

税引前当期純利益の求め方

会社の平常時のときの営業活動の成績である経常利益から、特別な損益を引いて税引前当期純利益を出す。

売上高 － 売上原価 ＝ 売上総利益

↓

売上総利益 － 販売費及び一般管理費 ＝ 営業利益

↓

営業利益 ＋ 営業外収益 － 営業外費用 ＝ 経常利益

↓

経常利益 ＋ 特別利益 － 特別損失 ＝ 税引前当期純利益

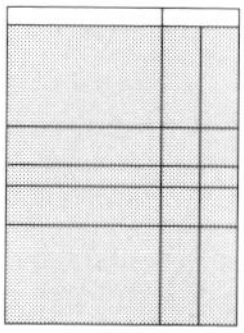

税金を差し引いてたどりつく当期純利益

儲けに課せられる法人税等

法人税、住民税及び事業税の内訳を知ろう。

法人税
国に納める

都道府県民税
都道府県に納める

市町村民税
市町村に納める

事業税
都道府県に納める

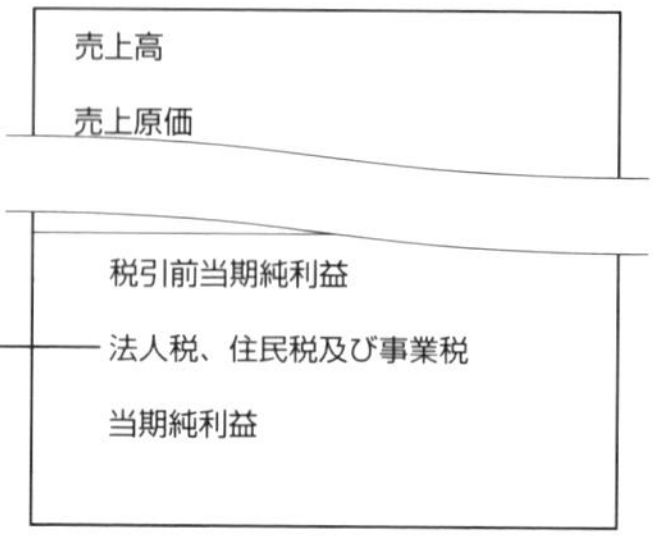

法人税は所得（法人税法上の利益）の30%を乗じて計算。ほかの税は法人税をもとにそれぞれの税率を乗じて算出する。結果、会社の所得の約40%は税金となる。

租税公課と法人税等は違う

租税公課	法人税等
印紙税	法人税
固定資産税	都道府県民税
自動車税	市町村民税
登録免許税	事業税

販管費の勘定科目に、租税公課というものがあった。税金を扱うことでは法人税等と同じだが、租税公課は利益に関係なく課税されるものだ。一方、法人税等は、当期の会社の活動で生み出された利益に課せられる税金である。儲ければ儲けるほど、税金の額は大きくなる。

すべての利益と費用をまとめた税引前当期純利益から、会社にかかわるさまざまな税金を引くと、当期純利益が求められる。

税金に関係する勘定科目は、法人税、住民税及び事業税と、法人税等調整額の二つがある。「法人税、住民税及び事業税」は名称が長いため、略して「法人税等」と呼ぶことが一般的だ。

ここで注意してほしいのが、法人税等に記載されている税額は法人税法の都合で決められるということだ。会社法のルールで決まった税引前当期純利益をもとに、税額をはじき出すのではなく、法人税法にのっとって独自に利益を計算し、税金が算出される。この利益を課税所得という。

法人税等の算出方法

法人税等は会社の儲けにかかる税金だが、利益からではなく、課税所得から算出する。

損益計算書		税金の計算
収益	≠	益金
−		−
費用または損失	≠	損金
＝		＝
利益	≠	課税所得

給料や電気代などの費用は損金になる。しかし、貸倒引当金のように費用になるが、まるまる損金とならないものもある。このように利益と課税所得は一致しない。

課税所得 × 税率 ＝ 法人税等

なにごともズレがあるもので――

税効果会計を取り入れ、当期純利益を出す

法人税法で求めた法人税等の税額を、税効果会計で会社法のルールで決まる税額に調整し、初めて、当期純利益が求められる。

税引前当期純利益		○○○	会社法のルールをもとに計算
法人税、住民税及び事業税	○○○		法人税法のルールをもとに計算
法人税等調整額	△○○○	○○○	会社法のルールに合わせて税金を調整／会社法のルールをもとに計算した税金
当期純利益		○○○	会社法のルールをもとに計算した当期純利益

当期純利益の公式

5つの利益のなかの、最終的な利益である当期純利益を求める。

税引前当期純利益 － 法人税、住民税及び事業税 ± 法人税等調整額 ＝ 当期純利益

法人税法にもとづいて計算した法人税、住民税及び事業税を、法人税等調整額によって調整することで、会社法にもとづいた利益が計算できる。これが、純粋にその会計期間に儲けた利益（当期純利益）である。

法人税法と会社法の食い違いを知らないと、税金はわからない。

貸倒引当金を例にすると、会社法は株主保護が目的なので、取引先の状態が悪化すればすぐに、貸倒損失として、費用計上する。しかし、税法では、「まだまだ、倒産するまでわからない」と、損金計上しない。このため、所得と利益は一致せず、税額に差が生じる。

そこで、誤差の発生する税額を、会社法のルールに調整し、会社法のための損益計算書に、会社法のための税額を計上しようというのが、法人税等調整額である。そして、そこで登場するのが、税効果会計だ。会社が支払うべき税額を、負担するべき税額に調整した結果、当期純利益が算出される。

取引先が
倒産しそうだからといって、
税金免除なんて甘いデス
それが、法人税法の世界デス

COLUMN

税効果会計とは?

損益計算書に法人税等調整額、貸借対照表に繰延税金資産、繰延税金負債という科目を見つけたら、その会社が、税効果会計を用いていることがわかる。

税効果会計は、会社の支払うべき税額ではなく、負担するべき税額を損益計算書に計上しようというものだ。

本来負担すべき税金より多かったり、少なかったりした場合に調整を行い、税金における会計と税務のミゾを埋める。

税効果会計を取り入れると増える勘定科目

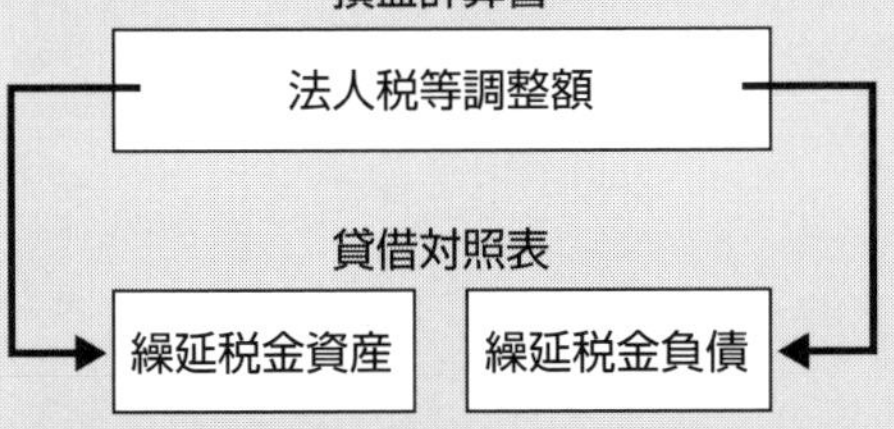
損益計算書
法人税等調整額
貸借対照表
繰延税金資産
繰延税金負債

繰延税金資産
会社が支払うべき税額（法人税法上で決められた）のなかで、将来戻ってくるものや、税額が減るものがあれば、前払い税金として計上。

繰延税金負債
会社が支払うべき税額（法人税法上で決められた）のなかで、決算日時点では支払いが決まっていないが、将来税金の支払いが生じるのであれば、未払い税金として計上。

株主資本等変動計算書

純資産が前期末から当期末までにどう変わったかがわかる

純資産の変動に注目

株主資本等変動計算書
（自平成○○年○月○日
至平成○○年○月○日）

評価・換算差額等				新株予約権	純資産合計
その他有価証券評価差額金	繰延ヘッジ損益	為替換算調整勘定	評価・換算差額等合計		
○○○	○○○	○○○	○○○	○○○	○○○
					△○○○
					○○○
					○○○
					△○○○
					○○○
					○○○
○○○	○○○	○○○	○○○	○○○	○○○
○○○	○○○	○○○	○○○	○○○	○○○
○○○	○○○	○○○	○○○	○○○	○○○

前期末残高 ＋ 当期変動額

＝ 当期末残高

当期変動額がマイナスの場合は、前期末残高から引けば当期末残高になる。

貸借対照表

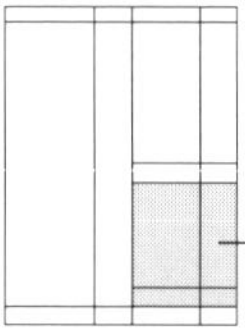

当期末の貸借対照表の純資産の部と一致する

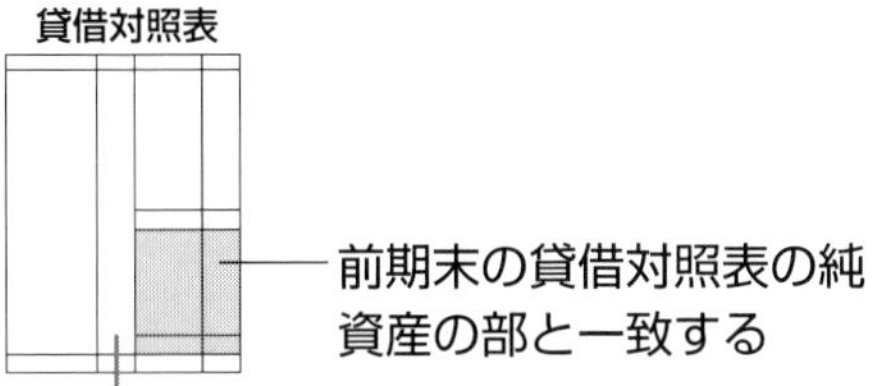
貸借対照表
前期末の貸借対照表の純資産の部と一致する

	株主資本				
	資本金	資本剰余金	利益剰余金	自己株式	株主資本合計
前期末残高	○○○	○○○	○○○	△○○○	○○○
当期変動額					
剰余金の配当			△○○○		△○○○
新株の発行	○○○	○○○			○○○
当期純利益			○○○		○○○
自己株式の取得				△○○○	△○○○
自己株式の処分		○○○			○○○
その他			○○○		○○○
株主資本以外の項目の当期変動額（純額）					
当期変動額合計	○○○	○○○	○○○	△○○○	○○○
当期末残高	○○○	○○○	○○○	△○○○	○○○

二〇〇六年に新会社法が制定されたことで、従来の「利益処分案」（財務諸表としては、「利益処分計算書」）という書類が廃止されて、「株主資本等変動計算書」の作成が新しく義務付けられるようになった。

株主資本等変動計算書は、上図のように、貸借対照表の「純資産の部」が前期末から当期末までにどう変動したのかを項目ごとに示すものだ。

この計算書によって、純資産についての変動がひとめでわかるようになった。

ちなみに、連結決算の場合は「連結株主資本等変動計算書」が作成されることになる（くわしくはＰ１７８参照）。

注記表

注記が充実している会社は信用できる

注記表に必ず記載される3つの項目

1.「重要な会計方針」に関する注記

固定資産の減価償却

減価償却の方法を定額法にしているか、定率法にしているかを記載。（P38参照）

たな卸資産の評価基準及び評価方法

先入先出法、総平均法など、在庫評価をどの方法で行っているかを記載。（P34参照）

引当金の計上

貸倒引当金、賞与引当金、退職給付引当金は計上しているか。貸倒引当金の金銭債権に対する見積方法を記載。（P48、56参照）

消費税の会計処理

消費税の会計処理方法を税抜経理方式か税込経理方式のどちらを選択しているかを記載。

など

正しい経営成績を読み取るために貸借対照表や損益計算書の内容を補完する書類が「（個別）注記表」だ。注記とは、決算書の数字だけではあらわしきれない重要事項を注意書きしたもの。二〇〇六年に新会社法が施行され、注記表の作成が義務化された（記載方法は企業によって異なる）。

　貸借対照表などを作成した際の会計処理の原則や表示方法といった会計方針や、担保や補償、一株あたりの利益など、多彩な情報が記されている。

　貸借対照表や損益計算書の数字を見て気になる項目があったら、注記を読むことだ。注記表から、よりくわしい経営内容を読み取ることで、分析にふくらみが増す。

2. 株主資本等変動計算書に関する注記

- 発行株式の総数
- 自己株式の総数
- 剰余金の配当に関する事項

など

3. その他の注記

（財産または損益の状態を判断するために必要な事項）

さらに必要に応じて注記されるもの

- 貸借対照表等に関する注記
- 損益計算書に関する注記
- 税効果会計に関する注記

など

COLUMN

注意したい。決算後に起きた「後発事象」

決算書が株主をはじめ、利害関係のある者の手に渡るのは、決算日から最短でも一ヵ月後である。大会社では、通常二ヵ月以上後になる。

ひょっとすると、作成から公告までの期間に会社経営を揺るがすような出来事が起きるかもしれない。こうした出来事を「後発事象」と呼ぶ。

たとえば、災害における工場や事務所の損失、他会社との合併、主要な取引先の倒産などは皆、後発事象となる。

次期以降の経営成績に影響を及ぼすものは「後発事象」として必ず、決算書に注記しなければならない。

それがあって初めて会社の状態を正確に判断することができる。

5000万円
現金で
そろえました
領収証
三輪企画(株) 様
★¥ 300,000—
但 秋の合同旅行会費
初芝電産電熱器(事)レジャー委員

第4章

キャッシュ・フロー計算書

会社が本当にもっているお金が見える

キャッシュ・フロー計算書は、会社の現金が、会計期間にどれくらい動いたのかを表す。

貸借対照表と損益計算書から見える現金との違いを知り、会社のもつ、本当のサイフの中身を読み取る。

近年重要性が増している現金の流れを追った計算書

キャッシュ・フロー計算書を作成する目的は

従来は貸借対照表と損益計算書の2つだけだった決算書。それらに加えてキャッシュ・フロー計算書の作成が義務付けられた。

損益計算書
その期の利益がどのくらいかを表す。

貸借対照表
会社の資産、負債などの財政状態を表す。

いずれも書類上の数字で、現金の収支はどうなっているのか不明

↓

キャッシュ・フロー計算書
現金の流れがどうなっていたかを表す。

企業の財務状況の実態がわかる

金融商品取引法の適用を受ける上場会社、店頭登録銘柄会社は、キャッシュ・フロー計算書を作成しなくてはならない。

貸借対照表、損益計算書と一緒に決算書の書類の1つとして作成する。

長い間日本の会社は、貸借《たいしゃく》対照表と損益《そんえき》計算書の二つを開示することで、投資家や金融関係者に会社の経営状態を知らせてきた。

しかし、この二つの書類からは、会社が使った「現金」がどこからどこに流れたのか、はっきりとはわからない。極端にいえば、この二つの書類だけでは、合法的に「ウソ」をつくことも可能なのだ。

たとえば、貸借対照表で資産評価をする場合、その会社が独自の判断基準で数字を操作することが可能だ。損益計算書では、売上代金が入金されていないのに、納品さえ終わっていれば、売り上げとして計上できる。それは現金が「ない」のに「ある」といっているのと同じである。

現金が動く企業活動とは

キャッシュ・フロー計算書では、主に3つの活動に区分して表示している。

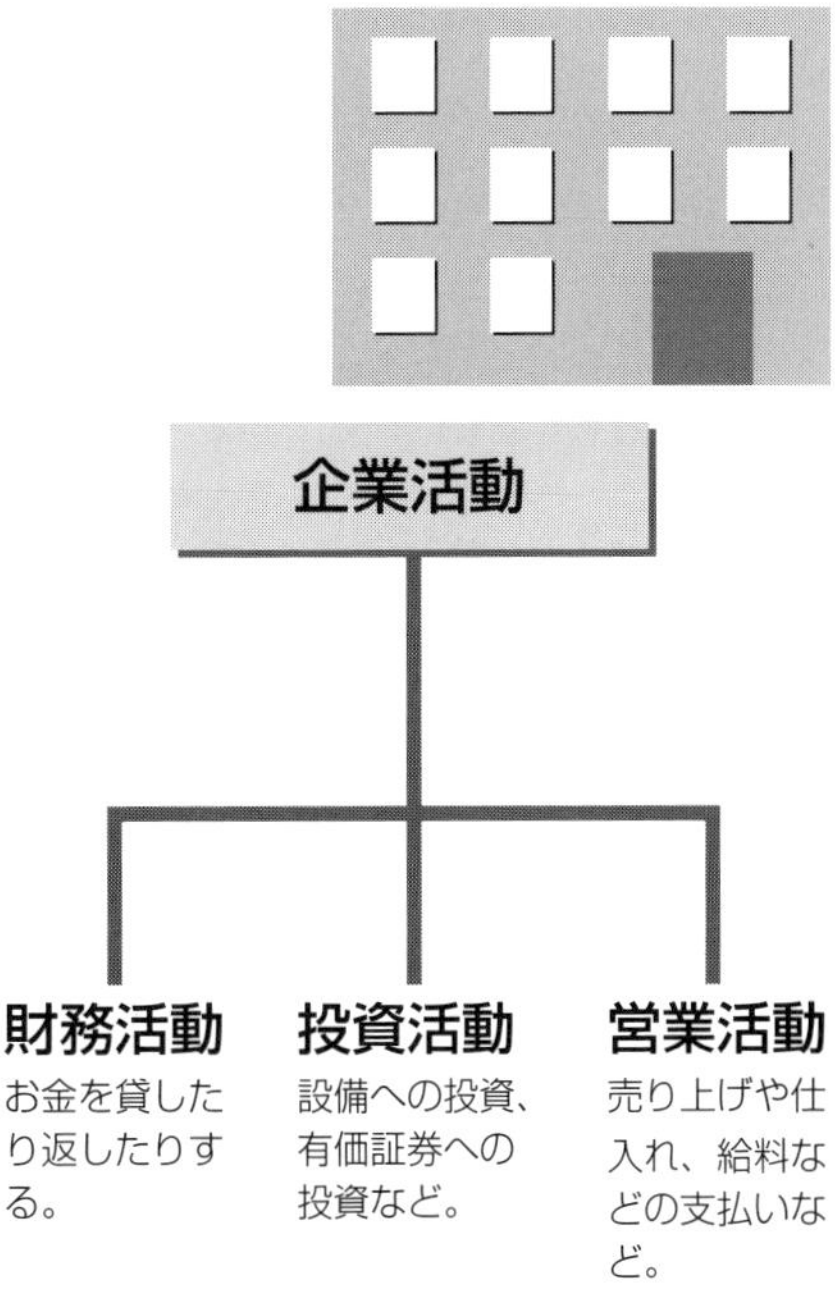
企業活動
財務活動
お金を貸したり返したりする。
投資活動
設備への投資、有価証券への投資など。
営業活動
売り上げや仕入れ、給料などの支払いなど。

COLUMN

キャッシュとは

貸借対照表に「現金及び預金」という科目がある。キャッシュ・フロー計算書の「キャッシュ」は、ほぼこれと一致する。しかし、預金のなかにはすぐに解約できないものもある。たとえば定期預金。これはキャッシュには該当しない。

また、合計欄は現金及び現金同等物となっている。現金同等物とは、換金可能でリスクの少ない短期投資のこと。定期預金のうちでも満期が三カ月以内のものは該当する。そのほか何を現金同等物とするかは、経営者の判断になる。

キャッシュの定義は実は曖昧で、経営者の判断にゆだねられているのだ。そこで、何を現金としたか、注記に記載することになっている。

それに対し、本当の現金の流れを示すのがキャッシュ・フロー計算書だ。

正式な財務諸表《ざいむしょひょう》として、平成一一年四月から、上場会社に作成が義務付けられた。国際標準に準拠した「会計基準のグローバルスタンダード化」による法的な施行だ。

キャッシュ・フロー計算書は、現金を絶えず追うため、この計算書を見れば、主に次のようなことがわかる。

・どこから現金を調達しているか
・どこに運用しているか
・本業でどれだけ現金が生み出されているか
・投資にどれくらい転用したか
・どれくらい借入金をしたのか
・どのくらい返済しているか

キャッシュ・フロー計算書は大きく見て三層構造

3つの分類

営業活動、投資活動、財務活動の3つからキャッシュ・フロー計算書を読む。

営業活動によるキャッシュ・フロー
会社が商品やサービスの販売で得た現金収入から、仕入れや営業活動に必要な諸経費を差し引いた、いわば本業で稼ぎ出した現金。

投資活動によるキャッシュ・フロー
会社の投資活動、すなわち設備投資、有価証券などの投資によるキャッシュ・フローを示す。

財務活動によるキャッシュ・フロー
借り入れの実行や返済、社債の発行や増資などによる収支をさす。

○○○○○

上記3つの合計額
これに「期首にあったキャッシュの残高」をプラスすると、「期末にあるキャッシュの残高」が求められる。

損益計算書では、「売上総利益」「営業利益」「経常利益」……というように、利益を五つに区分している（P68参照）。

キャッシュ・フロー計算書もこれと同じように、会社の活動を体系的にとらえ、現金の流れを把握できるよう、「営業活動によるキャッシュ・フロー」「投資活動によるキャッシュ・フロー」「財務活動によるキャッシュ・フロー」の三つに分類している。

さらにそれぞれに細かく内訳が示されている。挙げてある科目は会社の環境や業種によっても違っている。

いずれにしても、キャッシュ・フロー計算書から「資金繰り」を読み取ることが最大の目的になる。

サラリーマンにたとえると、毎月もらう給料がこれに当たる。給料は暮らしを営むための源泉だ。マイナスになってはならない。

営業活動によるキャッシュ・フローも、設備投資資金をまかない、借入金を返済しながら、企業活動を根本から支えていく。

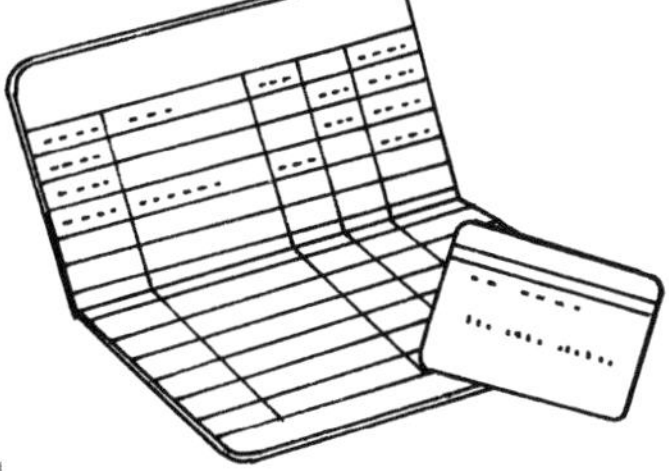

個人の生活にたとえると、住宅の取得や車の購入、株式の購入がこれに当たる。

具体的には、土地・建物・機械などの設備の購入や売却、投資目的の有価証券の購入や売却、貸付金の支出と回収など。

個人の生活にたとえると、住宅取得のための銀行ローンがその典型。

キャッシュを借り入れた年はプラスで、以後、返済によりマイナスが続くのが特徴。

COLUMN

注目される キャッシュ・フロー計算書

黒字倒産！ これは決算上では利益が出ているのに予定していたお金が入ってこないため、銀行へ借金が返済できなかったり、支払いができずに、倒産することだ。

現金で仕入れたり、現金で支払ったりするにも限度があり、ほとんどの会社は「掛け」で仕入れ、「手形」で支払っている。その結果、現金の収支の時期がズレてしまう。

つまり利益イコール資金にはならないわけだ。いかに黒字でも資金のやり繰り（資金繰り）がつかないと倒産ということになる。

資金が滞りなく動いているかどうかを示すキャッシュ・フロー計算書は経営分析の際、特に重視される。

キャッシュ・フロー計算書

最も注目すべきは本業による現金の流れ

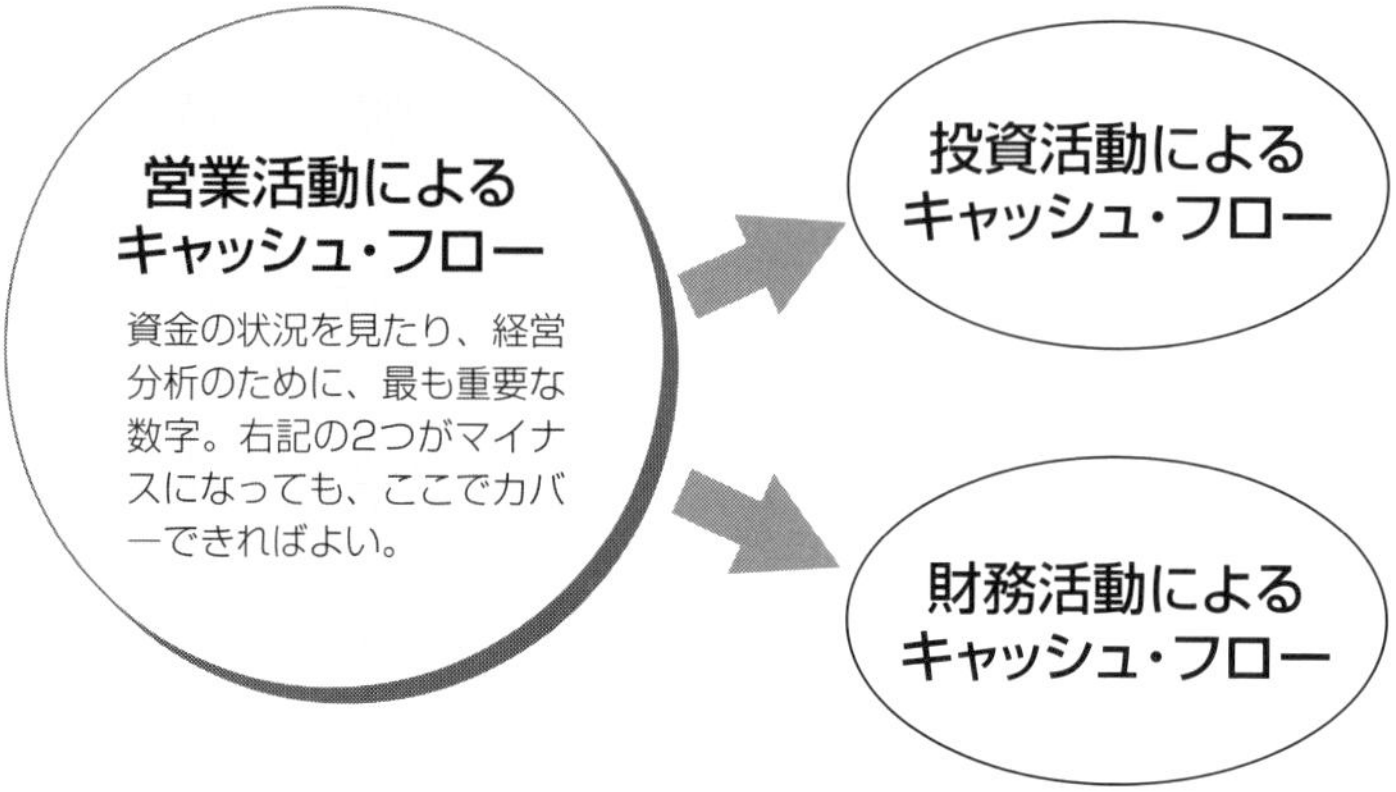
営業活動によるキャッシュ・フロー
資金の状況を見たり、経営分析のために、最も重要な数字。右記の2つがマイナスになっても、ここでカバーできればよい。
投資活動によるキャッシュ・フロー
財務活動によるキャッシュ・フロー

企業活動のなかでキャッシュを得るおおもとは、本業の営業活動だ。小売業であれば商品の販売による収入、製造業であれば製造した品物の販売、運送業であれば荷物を運ぶサービスで代金を得る。

営業活動は、現金を生み出すだけではない。原材料の仕入れをしたり、社員の給料や役員への報酬を支払ったりなどの支出も伴う。

これらの本業による現金の流れを示したものが営業活動によるキャッシュ・フローである。

一般家庭でいうなら、家計簿のようなもの。給料、食費、学費、交際費、ローンなど収入と支出が記載される。収支がプラスなら貯金にまわすだろうし、マイナスならば借金をすることになる。

COLUMN

営業活動によるキャッシュ・フローと経常利益

損益計算書にある経常利益の数字は、信用取引による売掛金や買掛金の発生により、実際（現金）と違う動きをする。経常利益は、あくまでも計算上の利益にすぎない。

その点、営業活動によるキャッシュ・フローは、営業活動による稼ぎをもとに、いろいろな支出を差し引きし、会社の業績をあきらかにする。経常利益の数字の重要性が薄れるわけではないが、営業活動によるキャッシュ・フローは、より会社の現状を映す。

2つの計算方法

損益計算書では利益を求める公式があった。営業活動によるキャッシュ・フローでは、2つの方法を選ぶことができる（104ページ参照）。

直接法

本業の取引ごとに入金と支出を表示する。その差額、つまり残ったお金が営業活動によるキャッシュ・フローとなる。

間接法

もとになる数字から入金と出金の差額を足し引きする。多くの会社がこちらの方法を採択している。

COLUMN

求められるキャッシュ・フロー経営

貸借対照表と損益計算書の二つが決算書と呼ばれていた時代には、会社は「利益」を追究することを目的に営業活動をしていた。

それが、キャッシュ・フロー計算書の登場により、利益だけではなく、キャッシュを見ることが大切になった。そして、会社の経営も変わってきている。

利益ではなく、手もとにどれだけ「キャッシュ」をもち、いかにうまく使えているかに、会社の目的がシフトしている。これをキャッシュ・フロー経営と呼ぶ。

これからは、自社や取引先の利益だけでなく、キャッシュの状態まで気にしてビジネスを行う必要がある。

催し物で、本業の活動を活性化。

キャッシュ・フロー計算書

「間接法」と「直接法」、二つの方法から求められる

間接法

税引前当期純利益
減価償却費
諸引当金の増減額
売上債権の増減額
たな卸資産の増減額
受取利息及び受取配当金
支払利息
小計
利息及び配当金の受取額
利息の支払額
法人税等の支払額
営業活動によるキャッシュ・フロー

売上高から売上原価、販管費、営業外収益・営業外費用、特別利益・特別損失を引いた額。損益計算書にある数字。（P87参照）

現金の流れを伴わないけれども損益計算書にあった数字。非資金損益項目という。

営業活動によって生まれた資産や負債をあげる。

小計以降でも総額が表示されるが、ここで足し算・引き算をして小計を出しておく。

投資や財務活動以外の取引によって生まれた現金の流れは営業キャッシュ・フローに記載する。

税金は営業活動だけでなく、投資や財務活動を含めて課税され、支払うものだが、仕分けせず、一括であげる。

直接法

営業収入
商品の仕入れによる支出
人件費の支出
小計
利息及び配当金の受取額
利息の支払額
法人税等の支払額
営業活動によるキャッシュ・フロー

取引ごとに項目が立てられて収入、支出が記載される。

キャッシュと債権、債務の関係

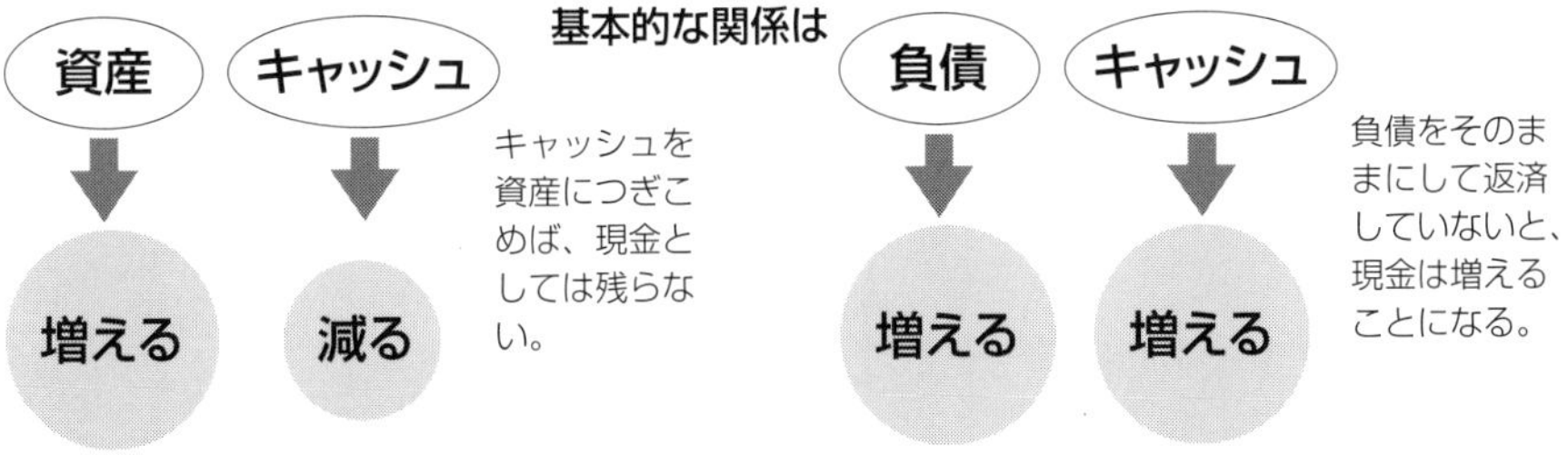
基本的な関係は
資産
増える
キャッシュ
減る
キャッシュを資産につぎこめば、現金としては残らない。
負債
増える
キャッシュ
増える
負債をそのままにして返済していないと、現金は増えることになる。

資産や負債が減った場合には、キャッシュの動きは逆になる。

調整項目とは

損益計算書や貸借対照表には、実際にはキャッシュの流れがないものが記載されている。キャッシュ・フローでは、それをプラスしたりマイナスしたりする。それを調整項目といい、次のような項目がある。

減価償却費

実際に現金が動くのは、設備を購入した初年度だけで、それ以降は現金は動かない。損益計算書では減価償却費が引かれている。その分をここでは加算して調整する。(P38参照)

売掛金

商品を売り上げても売掛金として貸借対照表に載っている限りはキャッシュとして入金していないということ。逆に、前期から繰り越されてきた売掛金を当期に回収すればキャッシュの流入となる。(P30参照)

貸倒引当金繰入

売掛金や受取手形などの売上債権の貸し倒れにより将来の回収できない額を当期に見積もり計上したものであり、その時点では現金は出ていない。損益計算書上、費用として計上されていても資金の流出を伴わないものもある。(P48参照)

たな卸資産評価損

商品などたな卸資産の期末時価が帳簿価額より下落したため、時価と帳簿価額との差額を評価損として計上したもの。たな卸資産評価損は、損益計算書上では費用として計上されるが、資金の流出を伴わない。(P34参照)

営業活動によるキャッシュ・フローの算定方法には直接法と間接法がある。直接法は入金と出金を取引ごとに記載するシンプルな方法。現金の流れがひと目でわかる。

間接法は、もととなるデータを用意して、入金と出金の差額を足し算・引き算で算出する。このもととなるデータを用意するのは労力が膨大《ぼうだい》にかかり大変だが、考えてみれば損益計算書でも、入金・出金による足し算・引き算をして利益を算出していた。この数字をもとにすればいいわけだ。

そこで損益計算書にある税引前当期純利益の数字をもとにして、これに現金だけの入金・出金の計算をする。現在、多くの会社が間接法を採用している。

投資の内容で会社の将来を予測する

キャッシュ・フロー計算書

有価証券の取得
有価証券の売却
有形固定資産の取得
有形固定資産の売却
その他の投資

有価証券に関連した投資によってキャッシュがどのように流れたかを示す。以下の2つを記載する。
●株式などを得るために支払ったキャッシュ。
●不要になった株式などを売却・処分して得たキャッシュ。

有形固定資産に関連した投資によってキャッシュがどのように流れたかを示す。以下の2つを記載する。
●土地、建物、機械設備などを得るために支払ったキャッシュ。
●不要になった土地、建物、機械設備などを売却して得たキャッシュ。

ゴルフ会員権などはその他の投資として、キャッシュ・フローに記載する。

その他の投資によってキャッシュがどのように流れたかを示す。短期貸付金や長期貸付金の増減額、長期前払費用や保証金などの無形固定資産、出資金の支出や払い戻しなどのキャッシュの流れ。

投資活動による現金の流れは、大きく三つに分けられる。一つは「有形固定資産への投資」、二つめは「有価証券への投資」、最後に「それ以外の投資」だ。

投資活動というと、何かを得るための支出だと考えがちだが、必要でなくなった機器の売却や、遊休地の売却も、投資活動によるキャッシュ・フロー計算書に計上される。土地売却などで大きな現金を獲得した場合には、プラスになることもある。

どのような投資をしたかを見ることで、その会社の経営戦略を予測することができる。たとえば、新規事業開発に現金を投資しているようなら、事業の多角化をはかっていると判断できる。

記載のルール

支　出
新しい機器に100万円の投資をした

収　入
古い機器を売って30万円の収入を得た

↓

投資活動によるキャッシュ・フローは70万円とは記載しない

↓

キャッシュの流れは、プラスとマイナスを相殺しないで、すべてを記載する

↓

それぞれの勘定科目を立てる

↓

お金の流れが正しく把握できる

有価証券や固定資産を取得した支出、売却した収入などが記載されている。長期的な計画にもとづいた投資、短期投資や貸し付けもわかる。

投資活動もショットもフェアウェイ、ど真ん中だと安心。

POINT 7

余力があってこそできる設備投資

有形固定資産への投資のうち、機器類のように会社の設備へ投資するものを設備投資という。

銀行など有価証券への投資が大きい会社は別にして、通常、投資のうち最も金額が大きいのは設備投資だ。

このキャッシュはどこからもってくるのかというと、会社の本業での儲け。そこで、投資活動によるキャッシュ・フローは、営業活動によるキャッシュ・フローの数字よりも小さくなるのが理想である。

ただし、開業したばかりの会社は別。最初の数年間は設備投資、つまり投資活動のキャッシュ・フローの方が多くなることもある。

本業で儲けた分

↓

設備投資へまわす

決算書への計上の仕方

機器類を購入

↓

キャッシュを支払う

キャッシュ・フロー	貸借対照表	損益計算書
設備投資として計上	有形固定資産として計上し、減価償却していく	固定資産の減価償却計算を通じて、減価償却費が費用として計上

COLUMN

設備投資と景気の関係

経済状況の分析に「設備投資の額」が使われることがある。営業活動によるキャッシュがプラスになってこそできる設備投資。投資の額が増えれば企業収益が増加したということにつながるからだ。

反対に、不景気で業績が悪化すると設備投資を控える傾向がある。投資する設備の内容も含めて、チェックしてみたい。

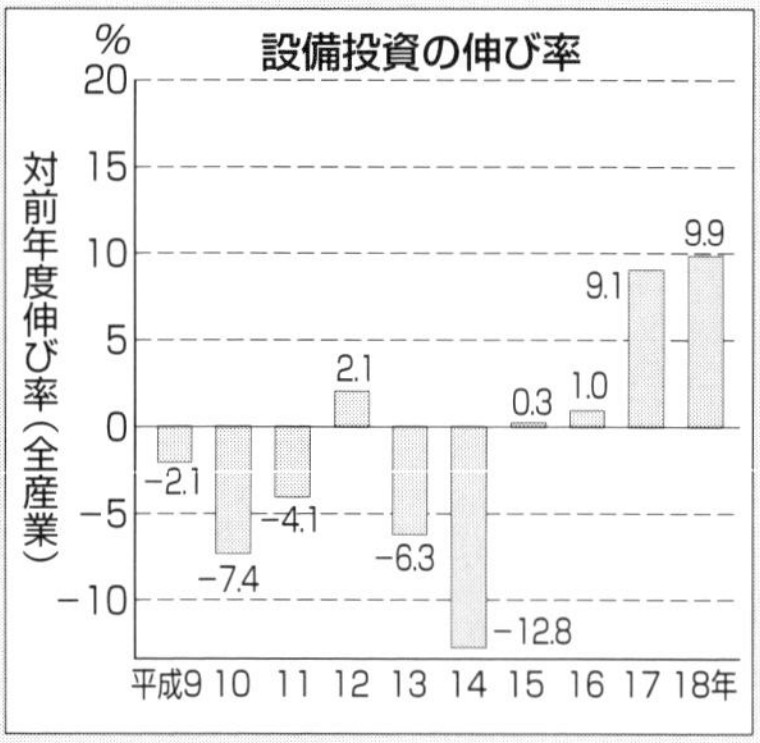

設備投資の伸び率
%
対前年度伸び率（全産業）
20
15
10
5
0
−5
−10
−2.1
−7.4
−4.1
2.1
−6.3
−12.8
0.3
1.0
9.1
9.9
平成9 10 11 12 13 14 15 16 17 18年

経済産業省設備投資調査より改変

もう1つの設備投資の方法、リース

コピー機のように、購入せずにリース会社から機器を借りて使用する方法で設備投資をするものもある。

この場合は固定資産にはならない。では、決算書にはどのように計上されるのだろうか。

設備投資の計上の仕方

機器類をリース

▼

リース料金を支払っていく

キャッシュ・フロー
リース期間内、均等の支出として計上

貸借対照表
計上されない

損益計算書
支払った分のリース料を費用として計上

すごいな 工場全体から 熱気が 立ちのぼっている
思い切って ラインを1本 増やしたんや 今期はいけるで

「負債」と「資本」の流れで資金繰りがわかる

キャッシュ・フロー計算書

負債にかかわる活動

資本にかかわる活動

「短期借入金の純増額」「長期借入金による収入」「長期借入金の返済による支出」「社債による資金調達と償還」などの科目がある。

「株式の発行による収入」「配当金の支払額」「自己株式の取得」などの科目がある。

財務活動とは

会社が営業活動や投資活動を行うための資金繰り。

- 銀行からの借り入れ・返済（長期・短期）
- 社債の発行・償還
- 配当金の支払い

財務活動によるキャッシュ・フローでは、資金をいくら調達して、いくら返済したか、実際のキャッシュの流れを示す。

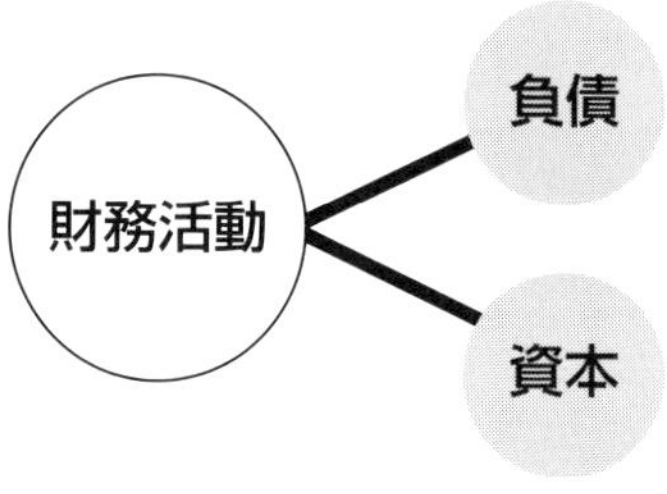

財務活動によるキャッシュ・フローは、会社の営業活動や投資活動をしていくうえで不足したキャッシュを、どのように補足したのかを整理した資料ともいえる。

会社の財務活動には負債と資本とにかかわる活動がある。キャッシュ・フローでは、この二つを相殺しないで表示するというルールがある。

負債にかかわる活動としては、借り入れによる収入や返済した支出、社債《しゃさい》の調達や償還《しょうかん》を、それぞれ計上する。

資本にかかわる活動としては、株式の発行による収入や配当金の支払額などを計上する。金庫株を取得・売却した場合も、ここに集計される。

記載のルール

投資活動によるキャッシュ・フローと同様に、資金の調達と返済を相殺せず、それぞれの取引ごとに表示する。会社の経営状況を分析するためには、その方が望ましいからだ。ただし、短期借入金はキャッシュの出入りが頻繁なので、いちいち計上せず、足し算・引き算して純増減額（ネットともいう）を計上することもある。

たとえば

一般家庭でいうと、住宅ローンの借入と返済

銀行から
1000万円借りた

返済する金額は元金1000万円とその利子との合計金額になる。

住宅を購入したことは有形固定資産を得たということで投資活動になる。

元金＋利子

返済

家計簿や通帳に記載される数字は元金返済分と利子分の総額

財務活動によるキャッシュ・フローでは

借入金

元金

利子

借りた金額（借入金）と返済した金額（元金と利子）は相殺せず、別々に記載する

COLUMN

金庫株とは

金庫株とは、発行した会社自身が取得した自己株式（P59参照）のことをいう。

会社の資本金は、その発行する株式数と、一株当たりの発行金額によって決まる。この資本金額によって当初の会社の財政的基盤が築かれていくわけだ。

会社の発行している株式を、発行会社自らが取得することを、「自己株式の取得」といい、取得した自己株式のことを、俗に「金庫株」と呼ぶ。

従来は、自己株式の取得・保有それ自体が厳格に規制されていた。しかし、平成一三年一〇月施行の商法改正によって、その取得・保有が原則自由になった。経営に余裕のある企業は軒並み、買い戻しを行っている。

キャッシュ・フロー計算書

会社の価値を決める、「自由に使えるお金」

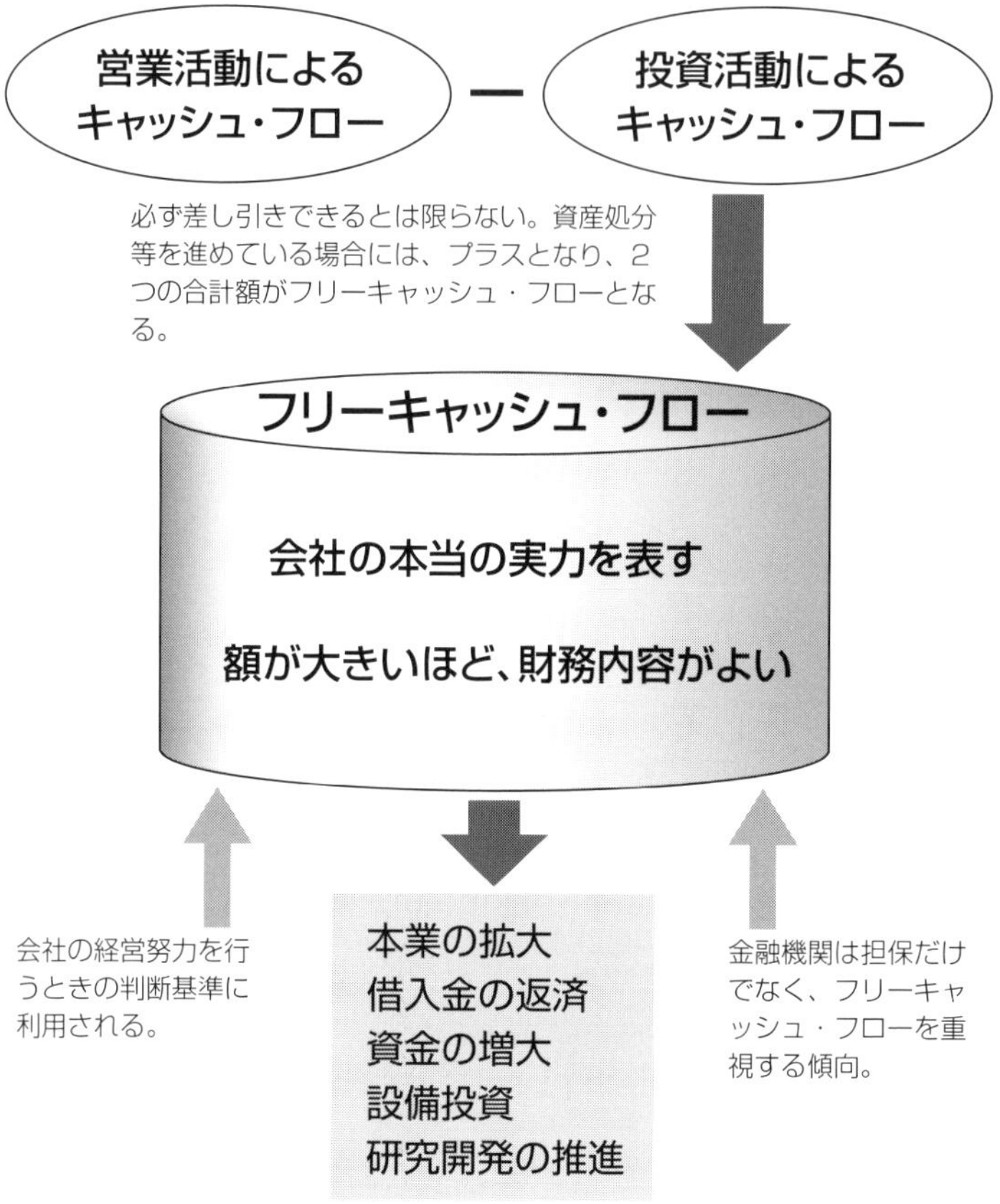
営業活動による
キャッシュ・フロー
－
投資活動による
キャッシュ・フロー
必ず差し引きできるとは限らない。資産処分等を進めている場合には、プラスとなり、2つの合計額がフリーキャッシュ・フローとなる。
フリーキャッシュ・フロー
会社の本当の実力を表す
額が大きいほど、財務内容がよい
会社の経営努力を行うときの判断基準に利用される。
本業の拡大
借入金の返済
資金の増大
設備投資
研究開発の推進
金融機関は担保だけでなく、フリーキャッシュ・フローを重視する傾向。

会社は利益が出たら、そのキャッシュを遊ばせているわけではない。投資をしたり、借り入れがあれば返済にあてる。株主への配当金も、利益から出す。

しかし、自由に使い道を決められるキャッシュがなければ、このようなことはできない。この、会社が自由にできる現金を「フリーキャッシュ・フロー」という。

フリーキャッシュ・フローには、いくつかの計算方法があるが、営業活動によるキャッシュ・フローから、投資活動によるキャッシュ・フローを差し引く方法が一般的だ。

フリーキャッシュ・フローからは、「会社の価値」が読み取れる。ただし、会社の成長過程によって評価が変わってくる。

F1のフルスポンサーになればマシン及びレーシングスーツピットのユニフォーム等に会社の名前を入れられますマシン　ドライバー　チームの肖像権　意匠権も使用できます
フルスポンサーになるとしたらどのくらいかかるんだ?
年間1億円ぐらいでしょうか大変な金額ですが投資に見合う効果は十分あると思います

成長過程によって変わる見方

成長期

将来の投資を優先するので、フリーキャッシュ・フローは必然的に不足する。

営業活動によるキャッシュ・フローの範囲でしか投資をしなければ、成長が鈍り、結果的に利益は上げられない。

安定期

経営が安定しているからといって無理に投資してキャッシュ・フローを不足させる必要はない。

プラスでなければ投資家の信頼を得られない。

キャッシュ・フロー計算書は粉飾しにくい構造

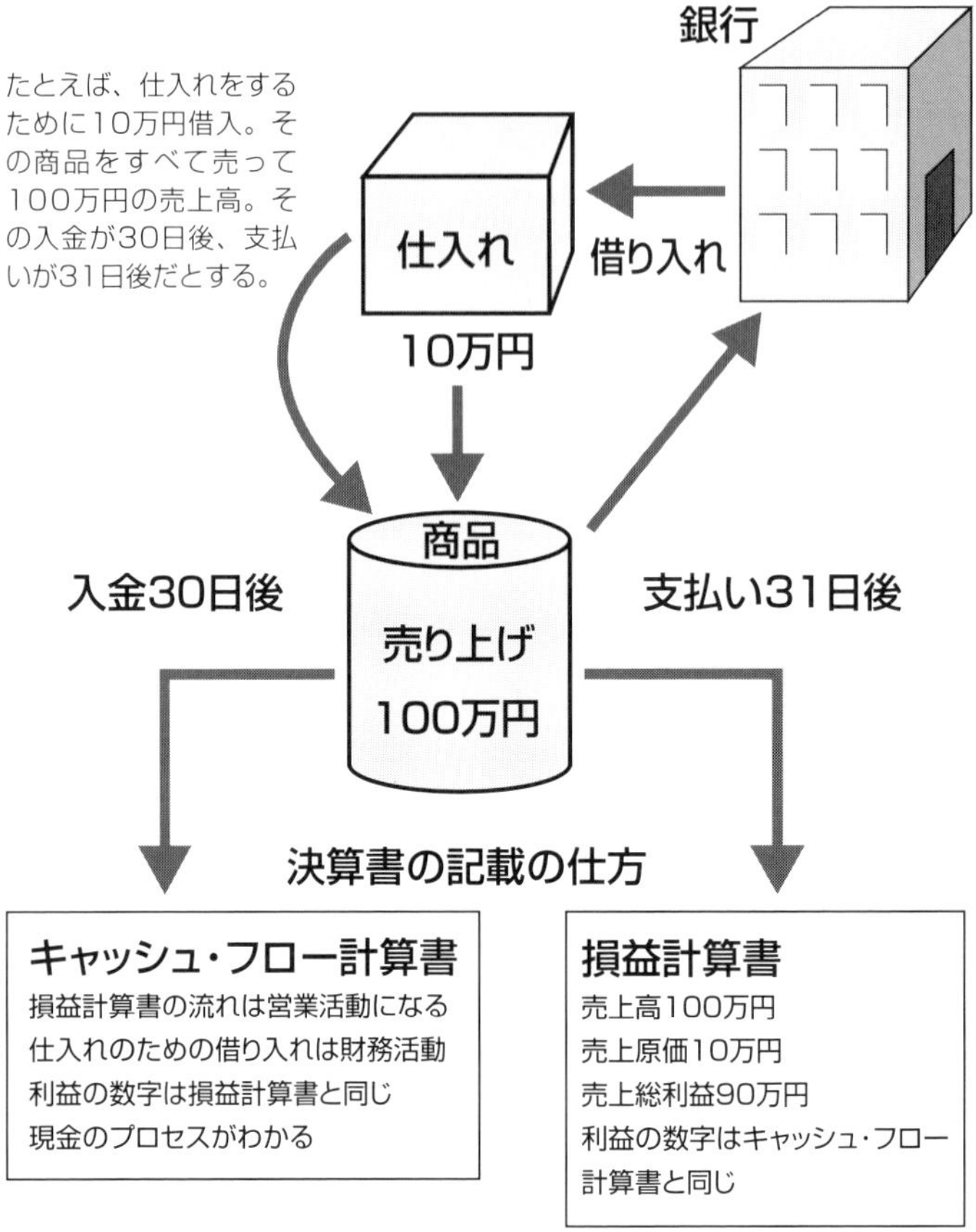
たとえば、仕入れをするために10万円借入。その商品をすべて売って100万円の売上高。その入金が30日後、支払いが31日後だとする。
銀行
仕入れ
借り入れ
10万円
商品
売り上げ
100万円
入金30日後
支払い31日後
決算書の記載の仕方
キャッシュ・フロー計算書
損益計算書の流れは営業活動になる
仕入れのための借り入れは財務活動
利益の数字は損益計算書と同じ
現金のプロセスがわかる
損益計算書
売上高100万円
売上原価10万円
売上総利益90万円
利益の数字はキャッシュ・フロー計算書と同じ

営業活動で得たキャッシュ

投資活動へキャッシュをまわす

足りない分は財務活動で調達

「営業活動によるキャッシュ・フロー」「投資活動によるキャッシュ・フロー」「財務活動によるキャッシュ・フロー」と、三つのキャッシュ・フローを見てきた。これらを見比べると、はっきりすることがある。それは現金がどのように集められ、どう使われたかだ。

その流れを単純に説明すると、営業活動によるキャッシュ・フローで集めた現金を、投資活動にまわし、足りない分は財務活動で調

粉飾決算を見破るのと、女心を見抜くのはどちらが難しいかなど、男はそういうくだらないことを、しばしば考える。

投資家からの信頼も、女性からの信頼も、すべてを開示することが肝心なのではないかとは、島耕作からの答えだ。決算書も人間も透明性が信頼を生む。

達するということになる。つまり、三つのキャッシュ・フローのバランスを見ることで、会社の経営状況を判断できるのだ。

　ところが、従来の日本の会社が開示してきた財務諸表では、存在しない利益を盛り込み、会社独自の判断で資産の評価もできた。やり方によっては、粉飾決算まがいのこともできたのである。これでは海外の投資家から信頼を得られるはずがない。

　そこでキャッシュ・フローの作成が必要になったわけだ。キャッシュ・フローは預金口座などをもとに現金の流れしか追わないため、粉飾がしにくい。透明性が高いので、会社分析の指標として最適なのである。

プラスとマイナスの数字の意味を読み取ろう

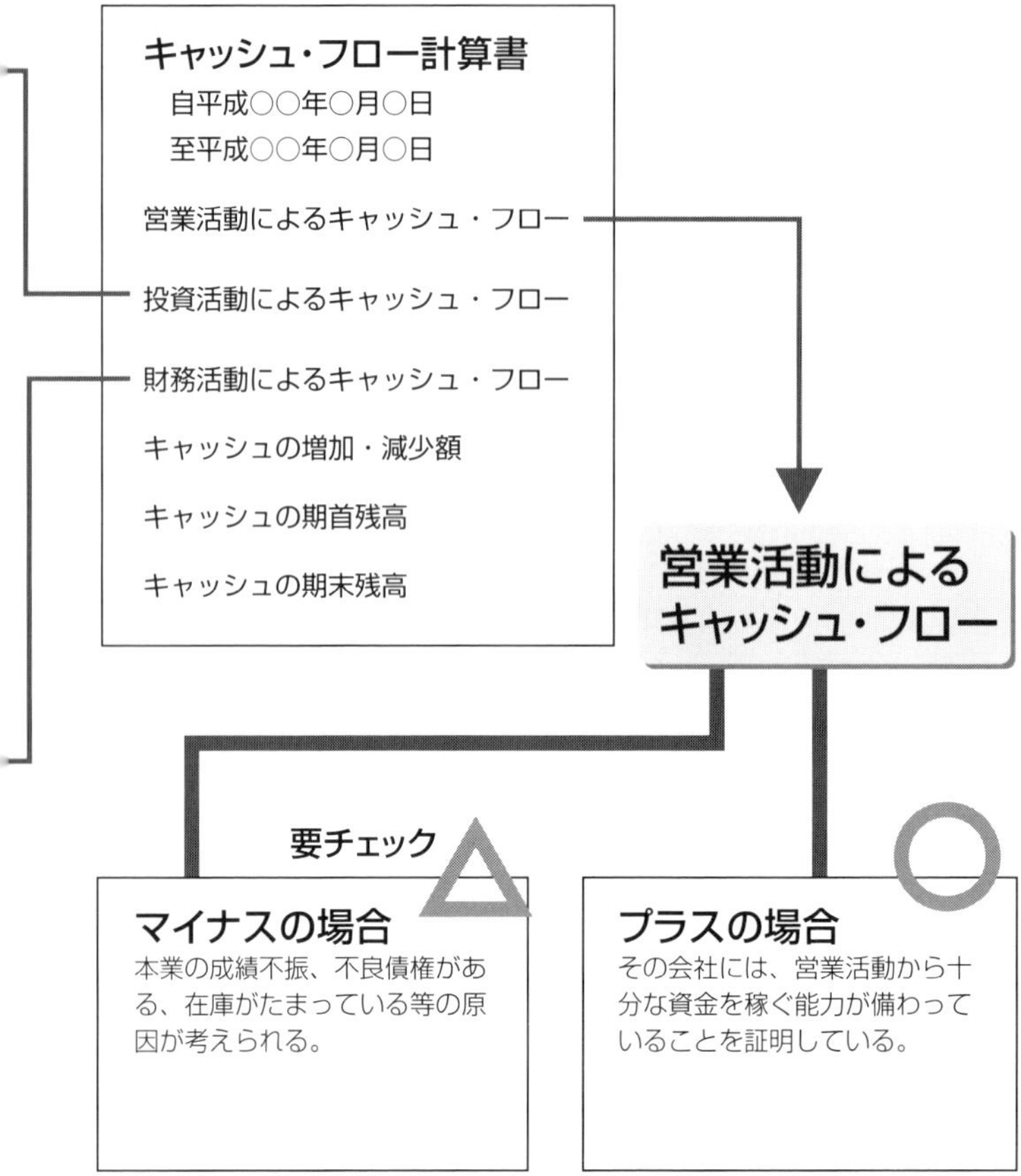
キャッシュ・フロー計算書
自平成○○年○月○日
至平成○○年○月○日
営業活動によるキャッシュ・フロー
投資活動によるキャッシュ・フロー
財務活動によるキャッシュ・フロー
キャッシュの増加・減少額
キャッシュの期首残高
キャッシュの期末残高
営業活動による
キャッシュ・フロー
要チェック
マイナスの場合
本業の成績不振、不良債権がある、在庫がたまっている等の原因が考えられる。
プラスの場合
その会社には、営業活動から十分な資金を稼ぐ能力が備わっていることを証明している。

キャッシュ・フロー計算書に表示されている数字のプラスマイナスの評価の方法を知っておきたい。これを頭に入れておくと、それぞれのキャッシュ・フロー計算書の意味がより深く理解できるだろう。

　見方の原則は上に示すとおりだが、このなかで、投資活動によるキャッシュ・フローがマイナスで、しかも営業活動によるキャッシュ・フローのプラスよりも多かった場合は少々問題だ。足りない分を財務活動によるキャッシュ・フローで補填《ほてん》していることになる。

　このとき、自己資本で補う割合が高いほど、安全性は高い。もし、借入金などに頼る割合が高いと、投資活動の失敗による倒産のリスクが高いことになる。

投資活動による キャッシュ・フロー

マイナスの場合（×か○）
よい方向に考えるならば、投資活動に積極的だということ。逆にとらえれば、投資が非効率的とも考えられる。

プラスの場合（○）
投資による支出よりも回収の方が多いことを意味している。

（×）マイナス部分が営業活動によるキャッシュ・フローの範囲内に収まっていなければ、足りない分を財務活動によるキャッシュ・フローで補填しているということになる。自己資本で補っているならよいが、他人資本に頼っているなら危険。

（○）ただし、マイナス部分が営業活動によるキャッシュ・フローの範囲内に収まっていれば問題ない。

財務活動による キャッシュ・フロー

マイナスの場合（要チェック △）
資金の返済が調達を上回っているということ。マイナス要因の内容を確認しよう。借入金の調達によるキャッシュ・フローの割合が多い場合には、会社経営自体が借入金に依存しすぎていないかを、検討する必要があるだろう。

プラスの場合（○）
資金借入や新株発行による資金調達が、資金返済を上回っていることになる。

財テク得意でっしゃろ？
賢おますなぁ～

むむむ
決算書を見た結果、取引を停止せねばなりません
ヘナヘナ

第5章

知識3からの経営分析

決算書を十二分に活用する

知識ゼロから始まった決算書入門も、3つの決算書を読み終え、知識は3となった。

さらに、決算書から、会社経営を分析できるようになれば、4、5、6・・・・・・、決算書を活かすのは、あなた次第だ。

五つの分析ポイント、三つの視点

決算書の数字を足し、引き、掛け、割りして会社を分析する。

重要なポイントは、収益性、効率性、安全性、生産性、損益分岐点の五つだ。倒産の予兆や、リストラの気配、これから先の経営転換など、気になるところはすべて分析の対象となる。

五つのポイントを分析するには、一定の公式を用いて計算すればよい。その公式のことを「経営指標」という。

経営指標を求めたら、比較することを忘れてはならない。

当期の会社の成績だけでなく、前期の成績と比較したり、ライバル会社と比較したりする。

比較して初めて分析といえるのだ。

取引先、ライバル会社は、もちろん、自社の経営状態も、分析が必要だ。

5つの分析を使い分ける

成長期の会社であれば、ときに安全性より、収益性を重視するだろう。逆に何万人もの従業員を抱える成熟期の会社であれば、何より安全性が第一かもしれない。それぞれの事情で分析も変わる。

効率性
投資した資本は効率よく、売り上げに貢献しているかを見る。
P132〜

収益性
投資した資本に対して、どれだけ儲けているかを見る。
P126〜

安全性
資金の調達と運用に問題はないかを見る。
P144〜

損益分岐点
利益と損失、その境になる売り上げはいくらかを知る。
P162〜

生産性
従業員、設備はどれだけ利益に貢献しているかを見る。
P152〜

比較してこそ分析

分析には比較する対象が必要だ。何かもとになる数値から比較分析した方が、会社の姿もよく見える。

1 期間で比べる

会社の経営指標を過去から現在まで用意し、どのように成長、発展を遂げてきたかを見る。最低でも、前期の決算書とは比べる。

2 ライバルと比べる

松下ならソニー、ハツシバならソラー電機というような、その会社のライバルと比べる。

3 標準と比べる

会社が所属する業界の平均値と比べる。データとして、財務省から出ている『法人企業統計年報』や日本経済新聞社から出ている『日経経営指標』などがある。

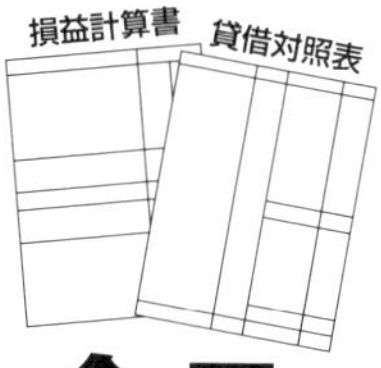

二つの経営指標から会社の総合力をはかる

総資本経常利益率は収益性と効率性を合わせて分析

総資本経常利益率は経営分析の基本ともいわれる。それは、収益性と効率性の両方を備えた指標だからだ。

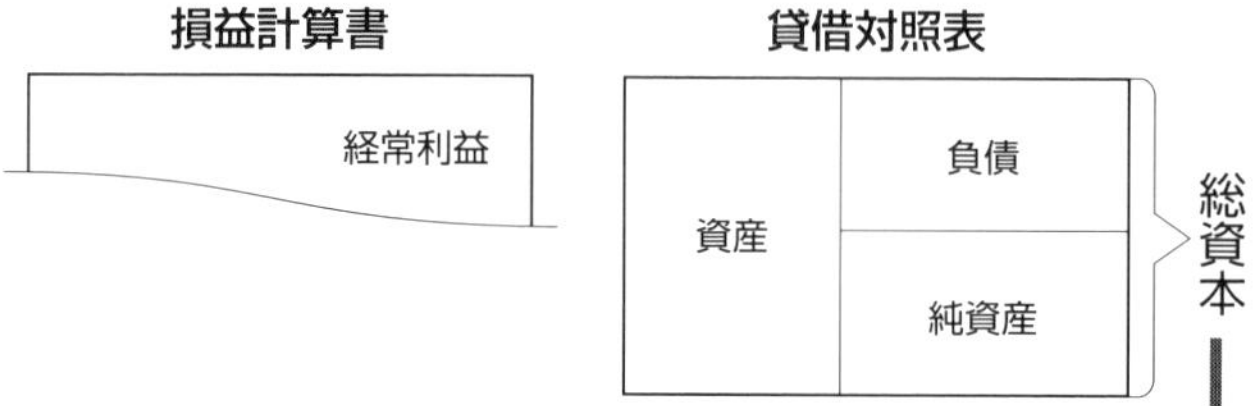

$$\text{総資本経常利益率} = \frac{\text{経常利益}}{\text{平均総資本}}$$

分解する

貸借対照表の数値を使って計算する場合、前期、当期の平均値を用いる。

$$\frac{\text{経常利益}}{\text{平均総資本}} = \frac{\text{経常利益}}{?} \times \frac{?}{\text{平均総資本}}$$

? に売上高を当てはめると

$$\frac{\text{経常利益}}{\text{平均総資本}} = \frac{\text{経常利益}}{\text{売上高}} \times \frac{\text{売上高}}{\text{平均総資本}}$$

総資本経常利益率	売上高経常利益率	総資本回転率
	収益性分析指標	**効率性分析指標**

総資本は前期と当期の平均値

当期の貸借対照表の資本ではなく、ある一定の期間の収益を分析することから、前期と当期の資本の平均値を使って、計算する。

損益計算書 自平成○○年4月1日 至平成○○年3月31日 （単位 百万円）

売上高	100
売上原価	30
売上総利益	70
販売費及び一般管理費	60
営業利益	10
営業外損益	0
経常利益	10
特別損益	10
税引前当期純利益	20
法人税等	10
法人税等調整額	0
当期純利益	10

貸借対照表

（前期） 平成○○年3月31日 （単位 百万円）

資産	100	負債	60
		純資産	40
総資産	100	総資本	100

（当期） 平成○○年3月31日 （単位 百万円）

資産	120	負債	60
		純資産	60
総資産	120	総資本	120

総資本経常利益率はＲＯＡ《アールオーエー》とも呼ばれる。

$$\text{総資本経常利益率} = \frac{\text{経常利益}}{\text{平均総資本}} \times 100$$

上表の数値をもとに計算すると

$$\text{総資本経常利益率} = \frac{10}{(100+120)\div 2} \times 100 = 9.09\%$$

業種によって異なるが理想は10%以上

総資本経常利益率は、損益《そんえき》計算書の経常利益を貸借《たいしゃく》対照表の総資本で割り算して求める。

すべての資本を使ってどれくらい効率よく、利益を生み出せているかがわかる。会社の総合力をはかるための指標だ。

総資本経常利益率を求める公式は、売上高との関係で、売上高経常利益率の公式と、総資本回転率の公式とに分解される。

売上高経常利益率は会社の収益性を知る比率だ。一方、総資本回転率は会社の効率性を知る比率である。

会社の総合力をはかるには、この二つのバランスをいつも同業他社や、前期の自社の成績などと比べて分析することが必要となる。

株主のためにある自己資本利益率

自己資本は言い換えれば、株主が出資した資金（株主資本）ともいえる。その株主からの資本をどのように運用し、利益をあげたかを表すのが、自己資本利益率（ROE）だ。株主が最も気にする指標である。

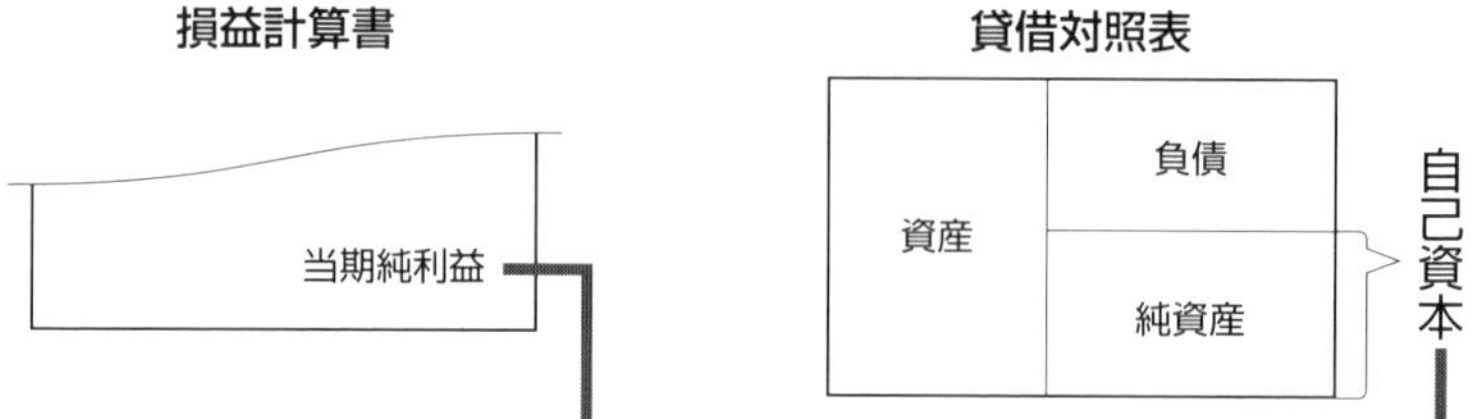

自己資本利益率 ＝ 当期純利益 ／ 平均自己資本

貸借対照表の数値を使って計算する場合、前期、当期の平均値を用いる。

分解する

当期純利益／平均自己資本 ＝ 当期純利益／売上高 × 売上高／平均総資産 × 平均総資産／平均自己資本

自己資本利益率	売上高当期純利益率	総資本回転率	財務レバレッジ
	収益性分析指標	効率性分析指標	安全性分析指標

平均総資産／平均自己資本

財務レバレッジとは総資産（総資本）に占める資本の割合を示すものだ。これは、裏返すと、総資産（総資本）に占める負債の割合を示すともいえる。
ROEは、運転資金を資本ではなく、負債を多くすることでも、高くできる。一見よさそうに見えるが、会社の安全性からいうと、あまりよくないともいえる。

大町愛子、あなたも父の愛人で
相当の株をもっているなら、ＲＯＥ
くらいはご存じでしょ
ちなみに私は吉原初太郎の娘、
大泉笙子よ

Q ROAとROEを分解するのはどうして？

A ＲＯＡ（総資本経常利益率）、ＲＯＥ（自己資本利益率）を分解するのは、この2つの指標が悪化したとき、どこに原因があるのか分析しやすいためだ。

売上高経常利益率、当期純利益率で収益率の低下がわかり、総資本回転率からは回転率の低下が調べられる。

収益率に問題が出ているようなら、費用がかさんでいることが原因かもしれない。

回転率が低下しているようなら、在庫が多く残っていないかなど、会社は対策が練りやすくなる。

総資本経常利益率はＲＯＡとも呼ばれる。これによく似たＲＯＥという指標がある。日本語にすると、自己資本利益率または、株主資本利益率とも呼ぶ。

ＲＯＡは、総資本がどれだけ有効に使われているのか示す指標に対して、ＲＯＥは、自己資本をどれだけ有効に使い、当期純利益を生み出したかを示す指標だ。

当期純利益は、株主にとって配当金のもととなるので、放ってはおけない指標である。

いままで、個人投資家の少ない日本においては、軽視されがちだったが、この先、多くの人たちが積極的に投資に参加できるよう、株主のためのＲＯＥは重要な指標と位置付けられている。

損益計算書

商売上手は収益性でわかる

利益を売上高で割る

売上高
売上原価
売上総利益
販売費及び一般管理費
営業利益
営業外収益
営業外費用
経常利益
特別利益
特別損失
税引前当期純利益
法人税、住民税及び事業税
当期純利益

売上高のうち、儲けがどれくらいの割合であるかを見ることで、収益性がわかる。

ほか2つの利益に関しても、売上高で割れば、売上高○○利益率が出る。当期純利益に関しては自己資本利益率（P124参照）の分解部分になる。

売上高総利益率

いくらで仕入れ、いくらで売ったかを示す。比率が大きいほど、商品力がある。（P128参照）

$$売上高総利益率 = \frac{売上総利益}{売上高} \times 100$$

売上高営業利益率

比率が大きいほど、少ない販管費で多くの商品を売っている。（P128参照）

$$売上高営業利益率 = \frac{営業利益}{売上高} \times 100$$

売上高経常利益率

会社の通常の経営活動による収益力を読み取れる。（P130参照）

$$売上高経常利益率 = \frac{経常利益}{売上高} \times 100$$

会社の収益性を分析するには、損益計算書の数値を使って求める。使う勘定科目は売上高と五つの利益だ。

なかでも、特に重要なのは以下の三つの指標である。

①売上高総利益率
②売上高営業利益率
③売上高経常利益率

分母を売上高、分子にそれぞれの利益を当てはめて計算すれば、求められる。

なかでも、売上高経常利益率は総資本経常利益率の公式の一つを担うため、最も重要な指標だ。

残りの二つの指標は、売上高経常利益率が伸び悩んでいるなどの場合に、その原因をつかむために用いることが多い。

損益計算書

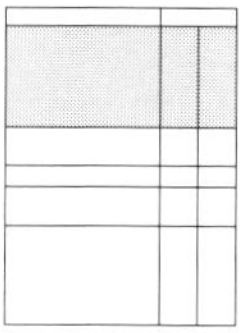

本業にかかわる収益性を分析する

プラスでないと、会社は倒産

売上高総利益率がマイナスになってしまうと、売れば売るだけ赤字になるという悲惨なことになる。

売上総利益を粗利と呼ぶように、売上高総利益率も「粗利率」と呼ぶことがある。

損益計算書①

（単位 百万円）

	A社	B社
売上高	500	700
売上原価	400	600
売上総利益	100	100
売上高総利益率	20%	14.3%

売上高100UP

損益計算書②

（単位 百万円）

	A社	B社
売上高	600	800
売上原価	480	685.6
売上総利益	120	114.4

A社とB社を比較する。粗利が同じで売上高が多いB社が優れているようだが……。100売り上げが増えると、売上高総利益率が高いので、A社の方が粗利が上回る。

製造業やサービス業が、付加価値を生み出せる一方、卸売業は薄利多売で利益を得るのが一般的だ。業種によって、粗利率が違うことに注意する必要がある。

売上高総利益率（粗利率）の公式

$$\text{売上高総利益率} = \frac{\text{売上総利益}}{\text{売上高}} \times 100$$

損益計算書①A社の数値から

$$\text{売上高総利益率} = \frac{100}{500} \times 100$$

$$= 20\%$$

理想は、製造業、サービス業は25%以上、卸売業、流通業は20%以上。

本業の活動での収益性

損益計算書③　（単位 百万円）

売上高	500
売上原価	400
売上総利益	100
販売費及び一般管理費	60
営業利益	40

会社本来の活動から生まれる利益を営業利益と呼んだ。売上高との関係から売上高営業利益率を求めよう。

売上高営業利益率の公式

$$\text{売上高営業利益率} = \frac{\text{営業利益}}{\text{売上高}} \times 100$$

損益計算書③の数値から

$$\text{売上高営業利益率} = \frac{40}{500} \times 100$$

$$= 8\%$$

理想は、製造業、サービス業は7%以上。卸売業、流通業は3%以上。

売上高総利益率は、仕入れたり、製作したり、サービスしたものを、どれくらい高い価格で売っているかを示す。

比率が高ければ高いほど、会社の商品や製品などを、客が価値あるものと認めていることになる。商品や製品に競争力があるわけだ。

しかし、比率が低いことが悪いとも限らず、薄利《はくり》多《た》売《ばい》で成功する会社というのも存在する。

売上高総利益率は、そのような会社の販売方針も見て取れる。

次の、売上高営業利益率は売り上げのなかの、本業での儲けの度合を見る比率だ。数値が低いようだと、本業以外の活動でしか、利益を上げる方法がないことを示すので、より高い比率を目指したい。

損益計算書

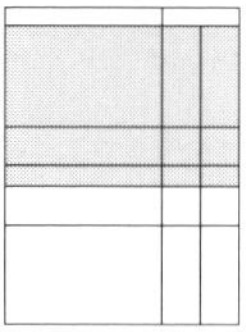

収益性分析の核となる比率、売上高経常利益率

最も重要な利益率

損益計算書①（単位 百万円）

売上高	500
売上原価	400
売上総利益	100
販売費及び一般管理費	60
営業利益	40
営業外収益	10
営業外費用	20
経常利益	30

損益計算書の経常利益と売上高を用いて、計算する。5つの利益と売上高を使えば、それぞれの売上高利益率が出るが、なかでも売上高経常利益率は、重要だ。収益性分析の基本となる。売上高経常利益率が落ち込めば、最終利益を使った、売上高当期純利益率はおのずと落ち込む。

その原因を探るには、前ページで説明した、売上高総利益率や売上高営業利益率などを調べればよいのだ。

売上高経常利益率の公式

$$\text{売上高経常利益率} = \frac{\text{経常利益}}{\text{売上高}} \times 100$$

損益計算書①の数値から

$$\text{売上高経常利益率} = \frac{30}{500} \times 100$$

$$= 6\%$$

業種によって差はあるが5%以上あれば安心。

あんだけ、お金を大事にせえゆうたのになんもわかっとらんなあいつは1円を笑うもんは、1円に泣くでえ

キャッシュ・フロー計算書と収益性

損益計算書から利益を取り出して会社の収益性を計算するだけでなく、あわせて、手元の現金から収益性を計算し、比べてみることも大切だ。キャッシュ・フロー計算書のフリーキャッシュ・フロー（P112参照）を使い、「キャッシュ・フローマージン」と「総資本キャッシュ・フロー比率」を求めよう。

キャッシュ・フローマージン ＝ フリーキャッシュ・フロー ÷ 売上高

利益を売上高で割った売上高利益率の公式の、利益をフリーキャッシュ・フローに置き換え、売上高のうち、どのくらいキャッシュになったかを計算する。利益＝手元の現金ではないだけに、キャッシュ・フローマージンは、売上高から実際に「使えるお金」を知ることができる。

総資本キャッシュ・フロー比率 ＝ フリーキャッシュ・フロー ÷ 総資本

経常利益を総資本で割った、総資本経常利益率（ROA）の公式の、経常利益をフリーキャッシュ・フローに置き換え、総資本のうちどれくらいキャッシュが生み出されたかがわかる。

よっしゃ
そっちの方が
儲かる！

会社の総合力を見る総資本経常利益率にかかわる、売上高に対して経常利益がどれくらいあるのかを計算する。売上高経常利益率は、売上高から出すいろいろな利益率のなかでも、最も重要な比率だ。

経常利益は、会社の日常の活動から生まれる利益のことで、本業で生まれる営業利益に、財テクなどの副業の利益を足したものだ。

収益性を分析するには、売上高経常利益率を計算し、前に説明した売上高利益率を見る。

売上高経常利益率が売上高営業利益率に比べ、大きく上昇しているようなら、財テクに熱を上げすぎているのかもしれない。逆に、大きく下回っているようだと、運用を失敗しているおそれがある。

よく回転している会社がよい会社

5つの回転率

総資本回転率を基本として、会社の効率性を分析する。その結果から、さらにくわしく分析する必要があれば、さまざまな科目から効率性を分析していく。

たな卸資産回転率
在庫を多く抱えていないか、商品や製品を有効に販売できているかを分析する。

（P136参照）

固定資産回転率
土地や機械など、固定資産をどれだけ有効に使い、売り上げを上げているかを分析する。

（P138参照）

総資本回転率
資本を有効に活用できているかを分析する。会社の総合力をはかる総資本経常利益率の一部を担う指標なだけに、回転率のなかでも最も重要になる。効率性分析は総資本回転率が基本。

（P134参照）

売上債権回転率
取引先への売上債権は一刻も早く現金として受け取りたい。次なる会社の運転資金をどれだけ早く手に入れているかを分析する。

（P140参照）

仕入債務回転率
取引先に支払義務のある負債は、できる限り支払猶予があった方が、自社にとってはありがたい。どれだけ長く仕入債務をもっていられたかを分析する。

（P142参照）

会社の効率性とは会社の資産や負債、資本がどれだけ有効に活用され、売り上げを上げているかということだ。

効率性を分析するために「回転率」「回転期間」といった比率を計算する。

回転率とは、運用された資産、負債、資本が、一年間に何回転して売り上げを上げたのか、を計算する指標だ。より多く回転した方が、効率性がよく、売上高も増える。

しかし、負債を分析した回転率に限っては、回転率は低い方がよい。

回転期間は、運用された資産、負債、資本が何日、何カ月で回収されたのかを計算する指標だ。

効率性を考えると、回転期間は

回転率と回転期間は裏表の指標

回転率の公式は、売上高を気になる科目で割ればよい。一方、回転期間の公式は、その逆、気になる科目を売上高で割ればよい。

回転率の公式

回転率 ＝ 売上高 ／ 気になる科目

回転期間の公式

回転期間 ＝ 気になる科目 ／ 売上高

さらに365を掛けたり、12を掛けることで、日数や月数単位での回転期間を分析することができる。

あれ、プロペラが回転してないよね？ってことは……
落ちるってことよ

短い方がよい。それは、早く回収されるだけ、また次の事業に早く投資でき、ビジネスチャンスを逃さないからだ。

しかしここでも、負債を分析した回転期間の場合は、支払猶予が長い方が、会社の得になるので、回転期間は長い方がよい。

実際に、回転率、回転期間を計算するには、まず総資本について分析することから始める。

総資本回転率は、会社の総合力をはかる総資本経常利益率の一部を担うだけに、最も重要な回転率といえる。

もし、総資本回転率が悪く、会社の活動にブレーキをかけている場合、もっと細かな回転率を分析し、原因を探す必要がある。

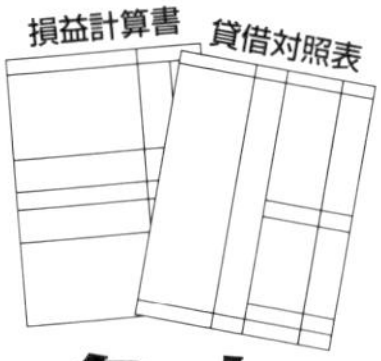

少ない総資本でも、多くの売上高を上げることが大切

総資本回転率と回転期間

資本を調達、運用し、回収されて１回転だ。総資本を運用し、一定期間のうちに何回お金を回収できたのかが総資本回転率。お金として回収されるまでの期間が総資本回転期間だ。

損益計算書
自平成○○年4月1日
至平成○○年3月31日（単位 百万円）

売上高	100

貸借対照表（前期）
平成○○年3月31日（単位 百万円）

資産	100	負債	60
		純資産	40
総資産	100	総資本	100

貸借対照表（当期）
平成○○年3月31日（単位 百万円）

資産	120	負債	60
		純資産	60
総資産	120	総資本	120

総資本回転率の公式

$$\text{総資本回転率} = \frac{\text{売上高}}{\text{平均総資本}}$$

ある一定の期間の効率性を分析することから、当期だけの貸借対照表の資本ではなく、前期と当期の総資本の平均値を使って、計算する。

上表の数値をもとに計算すると

$$\text{総資本回転率} = \frac{100}{(100+120)\div 2}$$

$$= 0.91\text{回}$$

1.5回以上が目標。数値が高いほど資本を有効活用しており、効率性が高い。

総資本回転期間の公式

$$\text{総資本回転期間} = \frac{\text{平均総資本}}{\text{売上高}} \times 365$$

通常、365や12を掛けることで、日や月単位で、回転期間を見る。回転期間は短ければ、短いほどよい。

右表の数値をもとに計算すると

$$\text{総資本回転期間} = \frac{(100+120) \div 2}{100} \times 365$$

$$= 401.5\text{日}$$

八ツ橋新子は歌謡界の女王よ
昼夜2回公演なんてへっちゃら
会場の回転率をよくして、多くの
お客様に喜んでもらうわ

飲食店の客の出入りを見て、「あの店は回転がいい」などという。会社の効率性とはまさに、これと同じである。

効率性をはかる経営指標に、一三二ページで挙げた○○回転率や○○回転期間という指標がある。数ある指標のなかでも、総資本回転率と総資本回転期間が効率性を見る基本となる。

損益計算書の売上高を、総資本で割れば総資本回転率、逆に総資本を売上高で割れば総資本回転期間が求められる。

会社の資本がどれだけ売り上げに対して有効活用されているかがわかる。少ない資本で、多くの売上高を上げていれば、効率性がよいということになる。

適正在庫を保つことが、効率性のよさにつながる

たな卸資産回転率と回転期間

たな卸資産を長くもつことは、運用から回収までの流れが滞ることになり、回転が悪くなる。回転率は高く、回転期間は短くなっているか調べよう。

損益計算書
自平成○○年4月1日
至平成○○年3月31日　（単位 百万円）

売上高	100

貸借対照表（前期）
平成○○年3月31日　（単位 百万円）

資産の部	
たな卸資産	4

貸借対照表（当期）
平成○○年3月31日　（単位 百万円）

資産の部	
たな卸資産	6

たな卸資産回転率の公式

$$\text{たな卸資産回転率} = \frac{\text{売上高}}{\text{平均たな卸資産}}$$

ある一定の期間の効率性を分析することから、当期の貸借対照表のたな卸資産だけではなく、前期と当期のたな卸資産の平均値を使って、計算する。

上表の数値をもとに計算すると

$$\text{たな卸資産回転率} = \frac{100}{(4+6) \div 2}$$

$$= 20\text{回}$$

理想の比率は、製造業、小売業は60回以上、卸売業、流通業は30回以上が目安となる。

たな卸資産回転期間の公式

$$\text{たな卸資産回転期間} = \frac{\text{平均たな卸資産}}{\text{売上高}} \times 365$$

右表の数値をもとに計算すると

$$\text{たな卸資産回転期間} = \frac{(4+6)\div 2}{100} \times 365$$

$$= 18.25\text{日}$$

通常、365や12を掛けることで、日や月単位で、回転期間を見る。回転期間は短ければ、短いほどよい。日単位では、30日が平均だが、流通業など在庫をあまり抱えない業種では、もう少し、短い期間が理想である。

ムッシュ・シマ、たな卸資産回転率は大切な比率デス
でも、ヴィンテージワインを扱う私どもには、回転率より大切なものがアリマス
それはフランスの食文化でアリマス

貸借対照表はバランス・シートと呼ばれることからもわかるように、総資産と総資本の数値は等しくなっている。

総資本回転率を大きくするには、たな卸資産や固定資産などを少なくすればよい。

効率性をより細かく分析するには、総資産を構成するさまざまな勘定科目について、一つひとつ売上高に対する比率を計算してみよう。

たな卸資産回転率と回転期間は、適正な在庫を維持するのに、重要な指標となる。適正在庫とは、生産や販売において、過不足ない在庫のことだ。

ここでも効率性は、回転率は高く、回転期間は短くが、鉄則だ。

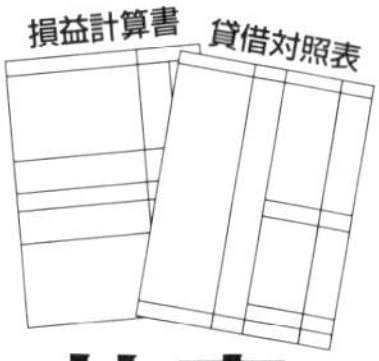

高額な投資をしたからには効率よく動かす

固定資産回転率と回転期間

土地、建物、機械装置など、固定資産が有効に使われていれば、回転率は高く、回転期間は短くなる。

損益計算書
自平成○○年4月1日
至平成○○年3月31日 （単位 百万円）

売上高	100

貸借対照表（前期）
平成○○年3月31日 （単位 百万円）

固定資産	
建物・構築物	10
機械装置・運搬具	20

貸借対照表（当期）
平成○○年3月31日 （単位 百万円）

固定資産	
建物・構築物	10
機械装置・運搬具	10

固定資産回転率の公式

$$\text{固定資産回転率} = \frac{\text{売上高}}{\text{平均固定資産}}$$

ある一定の期間の効率性を分析することから、当期の貸借対照表の固定資産だけではなく、前期と当期の固定資産の平均値を使って、計算する。

上表の数値をもとに計算すると

$$\text{固定資産回転率} = \frac{100}{(30+20)\div 2}$$

$$= 4\text{回}$$

業種によって、理想の数値に違いがある。製造業では2回以上、小売業では4回以上、卸売業では5回以上が目標だ。

固定資産回転期間の公式

$$\text{固定資産回転期間} = \frac{\text{平均固定資産}}{\text{売上高}} \times 365$$

右表の数値をもとに計算すると

$$\text{固定資産回転期間} = \frac{(30+20)\div 2}{100} \times 365$$

$$= 91.25\text{日}$$

ここでも、365や12を掛けることで、日や月単位の回転期間を見る。回転期間は短ければ、短いほどよいのは共通だ。

20年前に購入した、○○駅近くの例の土地、思い切って売却を検討してみては？
いや○○駅は2007年から急行停車駅になるのだから、商業地として一等地になると思うね

資産のなかでも、大きな買い物になる固定資産は、効率的に活用されることが望ましい。

工場や機械設備が売上高に貢献すればするほど、固定資産回転率は高い数値になり、効率性がよいことになる。

固定資産回転率もほかの回転率と同じように、売上高を平均固定資産で割って求め、回転期間は分子分母をひっくり返して、日数か月数かを掛けて求める。

固定資産回転率を高くするには、利益を生まなくなり、眠ってしまっている土地や機械装置などの遊休固定資産を売却することや、固定資産を購入ではなく、リースでまかなうなどして比率を高める方法がある。

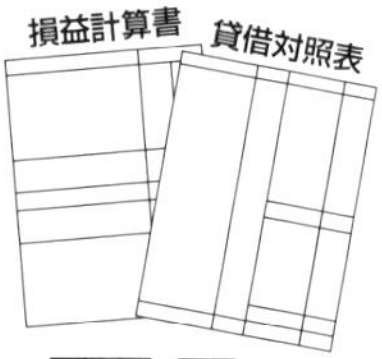

取引先への売上債権は、回収後すぐに活動資金になる

売上債権回転率と回転期間

いかに素早く取引先から売上債権を回収し、さらなる会社運転の資金にできているかを見る。

損益計算書
自平成○○年4月1日
至平成○○年3月31日　（単位 百万円）

売上高	100

貸借対照表（前期）
平成○○年3月31日　（単位 百万円）

受取手形	20
売掛金	30

貸借対照表（当期）
平成○○年3月31日　（単位 百万円）

受取手形	30
売掛金	20

売上債権回転率の公式

$$\text{売上債権回転率} = \frac{\text{売上高}}{\text{平均売上債権}}$$

売上債権とまとめず、受取手形と売掛金をそれぞれ取り出して比率を出すことで、より細かい回転率を求めることもできる。

受取手形や売掛金など、信用取引から生まれた債権を足して計算。ある一定の期間の効率性を分析することから、当期の貸借対照表の売上債権だけではなく、前期と当期の売上債権の平均値を使う。

上表の数値をもとに計算すると

$$\text{売上債権回転率} = \frac{100}{(50+50)\div 2}$$

$$= 2\text{回}$$

売上債権回転率は高ければ、高いほどよい。

売上債権回転期間の公式

$$\text{売上債権回転期間} = \frac{\text{平均売上債権}}{\text{売上高}} \times 365$$

ここでも、365や12を掛けることで、日や月単位の回転期間を見る。回転期間は短ければ、短いほどよい。

右表の数値をもとに計算すると

$$\text{売上債権回転期間} = \frac{(50+50) \div 2}{100} \times 365$$

$$= 182.5\text{日}$$

あんたがちゃーんと貸した金返してくれたおかげで
無事、正月を迎えられましたわい

受取手形と売掛金は、取引先から回収することで、はじめて現金になる。会社は、その現金を使って製品を作ったり、商品を仕入れたりして販売し、また受取手形や売掛金を得るというように、回転させ活動する。

右ページを見ると、平均売上債権が五〇、売上高が一〇〇なので、平均売上債権から売上高の回転を二回繰り返したことがわかる。

売上債権回転率は、売上高を分子に、平均売上債権を分母にして計算する。回転期間は、その逆で平均売上債権を分子、売上高を分母にして計算し、求める。

資金繰りのことを考えると、回転率は高く、回転期間は短い方がよい。

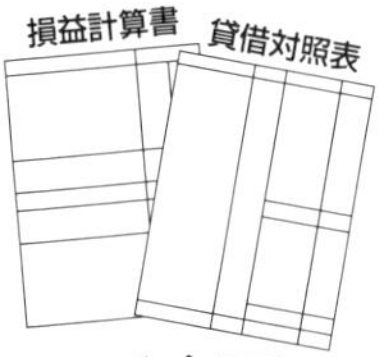

返済予定の仕入債務はできるだけ遅く支払う方がよい

仕入債務回転率と回転期間

仕入債務は、いままでの回転率、回転期間の指標とは、分母も違えば、見方も違う。

損益計算書
自平成○○年4月1日
至平成○○年3月31日 （単位 百万円）

売上高	500
売上原価	300

貸借対照表（前期）
平成○○年3月31日 （単位 百万円）

支払手形	20
買掛金	30

貸借対照表（当期）
平成○○年3月31日 （単位 百万円）

支払手形	30
買掛金	20

仕入債務回転率の公式

$$\text{仕入債務回転率} = \frac{\text{売上原価}}{\text{平均仕入債務}}$$

効率性を計算してきたいままでの回転率の公式と違い、分子には支払手形や買掛金と関係する売上原価を用いる。

当期の貸借対照表の仕入債務だけではなく、ある一定の期間の効率性を分析することから、前期と当期の仕入債務の平均値を使って、計算する。

上表の数値をもとに計算すると

$$\text{仕入債務回転率} = \frac{300}{(50+50)\div 2}$$

$$= 6\text{回}$$

ほかの回転率と違い、仕入債務回転率は低いほどよい。また、支払手形、買掛金を個別に計算して細かく分析することも役に立つ。

仕入債務回転期間の公式

$$\text{仕入債務回転期間} = \frac{\text{平均仕入債務}}{\text{売上原価}} \times 365$$

右表の数値をもとに計算すると

$$\text{仕入債務回転期間} = \frac{(50+50) \div 2}{300} \times 365$$

$$= 60.8\text{日}$$

ここでも、365や12を掛けることで、日や月単位の回転期間を見る。回転期間は長ければ、長いほどよい。

気のすすまぬ仕事だろうが
会社のためだ
わかってくれるな
島君
もうすこし
仕入債務の支払いを
待ってくれるよう
先方に頼んでみてはくれないか

流動負債に計上される支払手形と買掛金についても、回転率と回転期間を計算する。

会社とはわがままなもので、他社の受取手形や売掛金は、すぐに回収することを願うのに、他社との取引で発生した支払手形や買掛金は、できるだけ支払いを遅らせたいと考える。

仕入債務回転率は低く、回転期間は長い方がよい。これは、支払いが先に延びている分、手もとに現金があり、資金繰りが楽だということだ。

しかし、資金繰りのことばかり考えて、仕入債務の支払いを先延ばしにしすぎたために、取引先の信用を失ったという例もあるので、注意しなければならない。

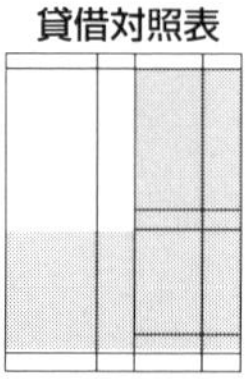
貸借対照表

貸借対照表をもとに、会社の安全性をチェック

短期的に見た安全性

当期決算日から、来期決算日まで、１年以内に入る現金、出る現金に的をしぼって、会社の安全性を分析する。

来期決算日
当期決算日

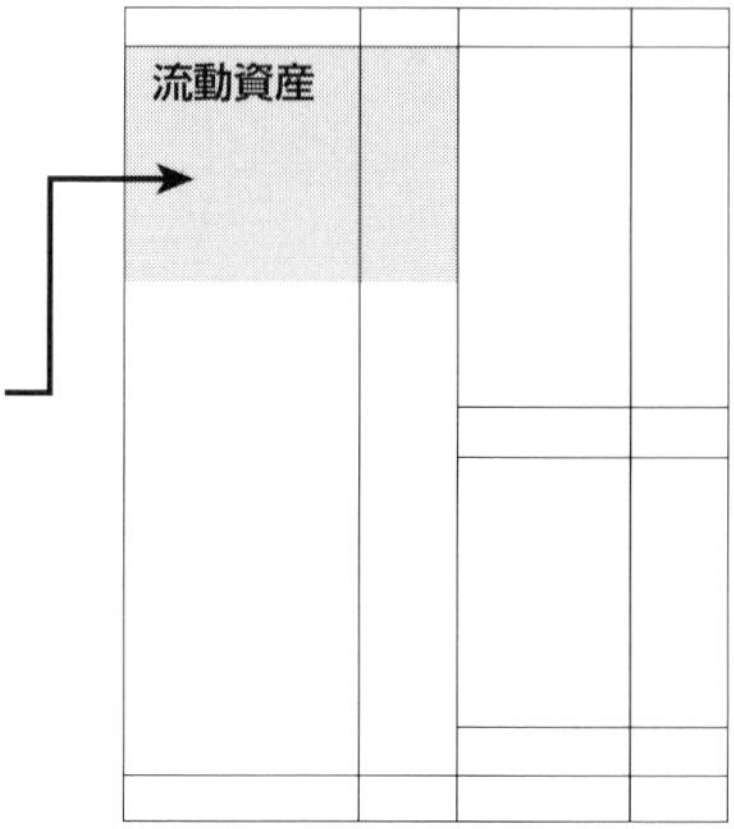
流動資産

短期的安全性指標

流動比率・当座比率

P146〜

安全性とは、会社が取引先や銀行などへの債務を、支払うことができるかということだ。すなわち、支払能力が問われる。
流動資産は１年以内に換金可能な資産のことだ。ここから、１年以内の会社の支払能力を分析する。
当座資産は、さらに早く換金できる資産なので、１年とはいわず、すぐにでも支払える能力があるかを分析する。

安全性を判断する見方は二つある。「短期的に見た安全性」と「長期的に見た安全性」だ。

貸借対照表をもとにして、会社の安全性を見ていこう。

短期的な安全性を見るのに大きくかかわってくるのが、一年以内に換金化できる流動資産と、一年以内に支払義務のある流動負債だ。

ある一定時点での支払義務がいくらあり、それに対しての支払い資金がいくらあるのかを、比較する。

一方、長期的な安全性を見るのにかかわるのは、固定資産や固定負債、資本などの勘定科目だ。

資金の調達、運用という貸借対照表本来の流れに沿って、分析していく。

長期的に見た安全性

長い目で会社が安全かどうかを見るには、貸借対照表の固定資産と自己資本から分析する。

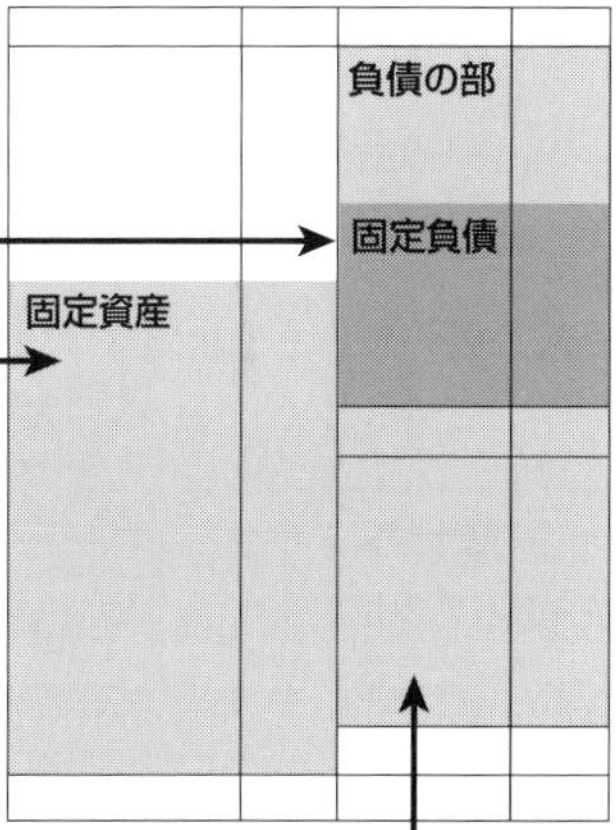

長期的安全性指標

固定比率・固定長期適合率

P148～

長期にわたって使用する固定資産をもとに、長期的安全性を分析する。固定資産は購入する際、高額な資金が必要となるため、返済義務のない自己資本でどれだけまかなっているのかを見るのが、固定比率だ。
固定長期適合率は、自己資本だけでなく、固定負債も含めて分析する、やや甘い目で見た長期的安全性指標だ。

自己資本比率

P150～

長期的安全性指標のなかでも、基本となる指標が、自己資本比率だ。
会社の活動の源泉となる負債と自己資本の割合を分析する。
もちろん、返済義務のない自己資本が多い方が安全性は高い。

貸借対照表

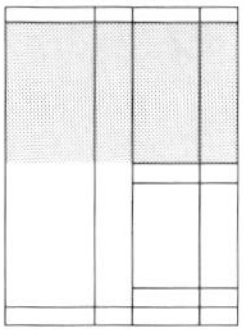

支払能力のよしあしをはかる 流動比率と当座比率

貸借対照表から支払能力を見る

流動比率から現金比率まで、支払手段をしぼっていくことで、会社の支払能力をつかもう。

貸借対照表

（単位 百万円）

流動資産	200	流動負債	100
現金及び預金	50	支払手形	40
受取手形	10	買掛金	40
売掛金	30	短期借入金	20
有価証券	40		
たな卸資産	70		

上表の数値をもとに計算すると

$$流動比率 = \frac{流動資産}{流動負債} \times 100$$

$$= \frac{200}{100} \times 100 = 200\%$$

理想は200%以上

もっと厳しく分析

流動資産のなかには、たな卸資産が含まれている。もしも、たな卸資産に不良在庫があると、流動比率は、正確な数字でなくなる。それを防ぐためにも、当座比率も一緒に計算しておく。

$$当座比率 = \frac{当座資産}{流動負債} \times 100$$

$$= \frac{130}{100} \times 100 = 130\%$$

理想は100%以上

さらに分析

現金及び預金、受取手形、売掛金、有価証券の4つを当座資産という。支払能力を分析するためにまとめる、流動資産のなかでも、換金しやすい勘定科目だ。

もっと厳しく分析

$$\text{現金比率} = \frac{\text{現金及び預金}}{\text{流動負債}} \times 100$$

$$= \frac{50}{100} \times 100 = 50\%$$

理想は50%以上

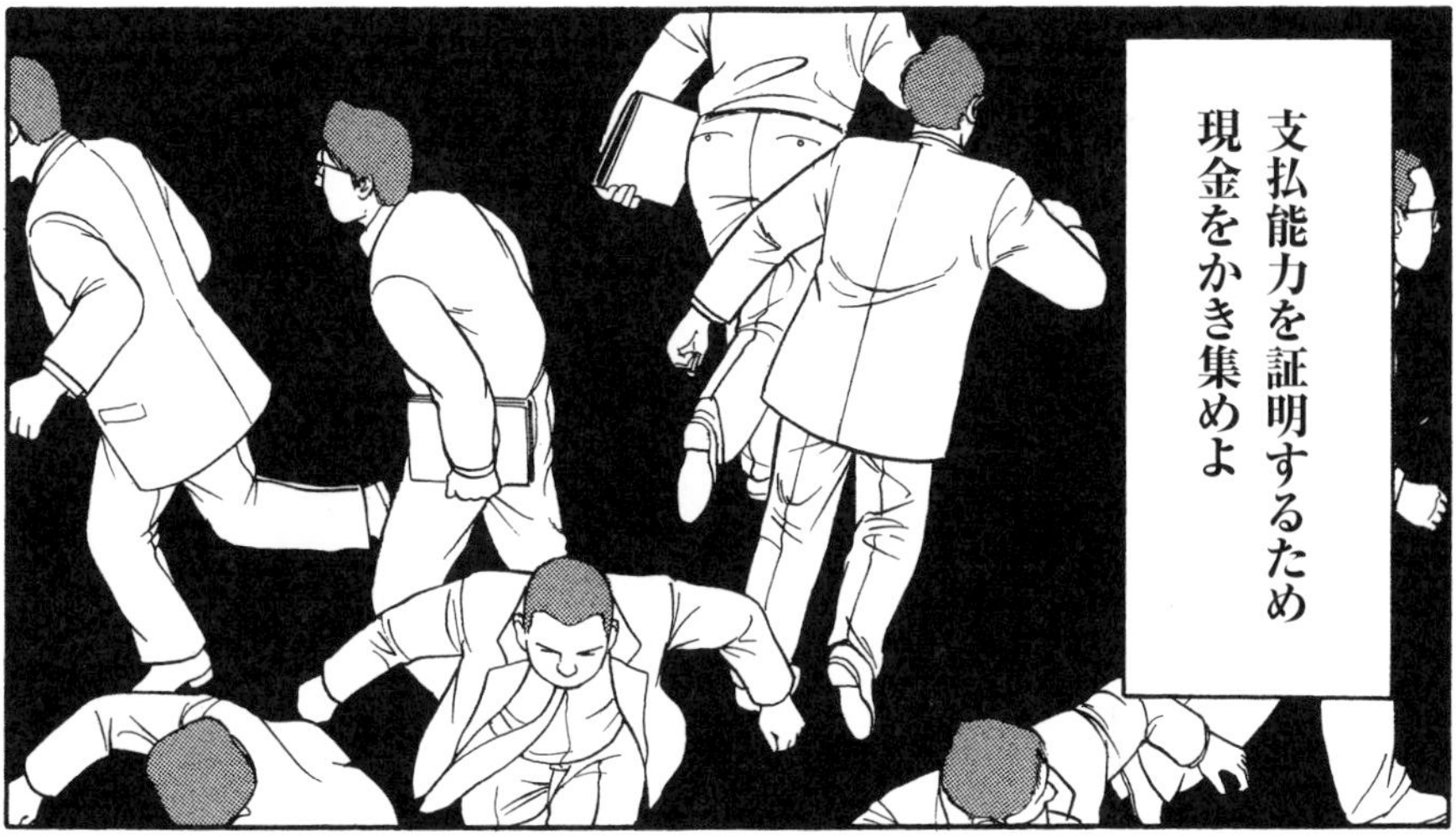
支払能力を証明するため
現金をかき集めよ

会社の短期支払能力を分析するには三つの指標がある。流動比率と当座比率、現金比率だ。

流動比率とは、流動資産と流動負債の割合で、流動資産による流動負債の支払能力を表す。

支払う金額より受け取る金額が多い方がよいので、流動比率は二〇〇%以上あることが望ましい。一般的には一二〇～一五〇%くらいが平均とされる。

当座比率は、流動資産のなかでも、より換金性の高い当座資産（P31参照）と、流動負債との割合で、より厳しく会社の支払能力を分析する指標だ。

さらに、現金比率では、手もちの現金及び預金だけで、流動負債をまかなえるかを分析する。

貸借対照表

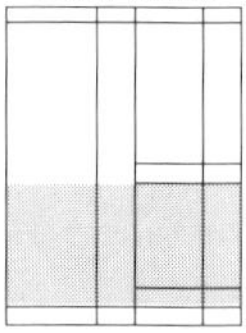

大きな買い物は自分のお金でしているか

固定資産と自己資本のバランスを見る

固定比率と固定長期適合率が低ければ低いほど、会社の安全性は高い。

貸借対照表 （単位 百万円）

流動資産	100	流動負債	30
固定資産	50	固定負債	20
		純資産	100

効果を生むのに時間がかかる固定資産 と 返済義務のない自己資本 を比較

$$\text{固定比率} = \frac{\text{固定資産}}{\text{自己資本}} \times 100$$

上表の数値をもとに計算すると

$$\text{固定比率} = \frac{50}{100} \times 100 = 50\%$$

理想は100%以下

長期的な安全性を確かめる指標に固定比率がある。

固定比率は、固定資産を自己資本で割ることにより求められる。

土地、建物、車といった固定資産は、購入するのにたくさんの資金が必要となる。しかも、そこから利益が出るまでには、長い時間がかかる。

そのため、固定資産の購入資金は、返済義務のない自己資本で調達した方が、より安全性が高いといえる。

固定比率は固定資産が小さいほど、自己資本は大きいほど安全ということから、求めた数値は小さいほどよい。一〇〇％を切っていれば理想である。

また、同じ考え方にもとづいた

$$\text{固定長期適合率} = \frac{\text{固定資産}}{\text{自己資本}+\text{固定負債}} \times 100$$

分母に、返済までに時間の余裕のある固定負債を加える。

右表の数値をもとに計算すると

$$\text{固定長期適合率} = \frac{50}{100+20} \times 100 = \text{約}42\%$$

理想は80%以下

固定資産の購入に、1年以内に支払義務のある流動負債を使っていると、会社の安全性に黄色信号が灯る。数値でいえば、固定長期適合率が100%を超えると注意が必要だ。

COLUMN

設備投資と安全性

固定比率は、絶対に抑えなくてはならないのかというと、一概にそうともいえない。

将来の成長を考えれば、積極的な設備投資は不可欠だ。いままさに、成長期という会社であれば、固定比率に固執せず、設備投資をすることがある。

一方、成熟した会社であれば、成長期の会社より、安全性を重視した経営をする傾向がある。

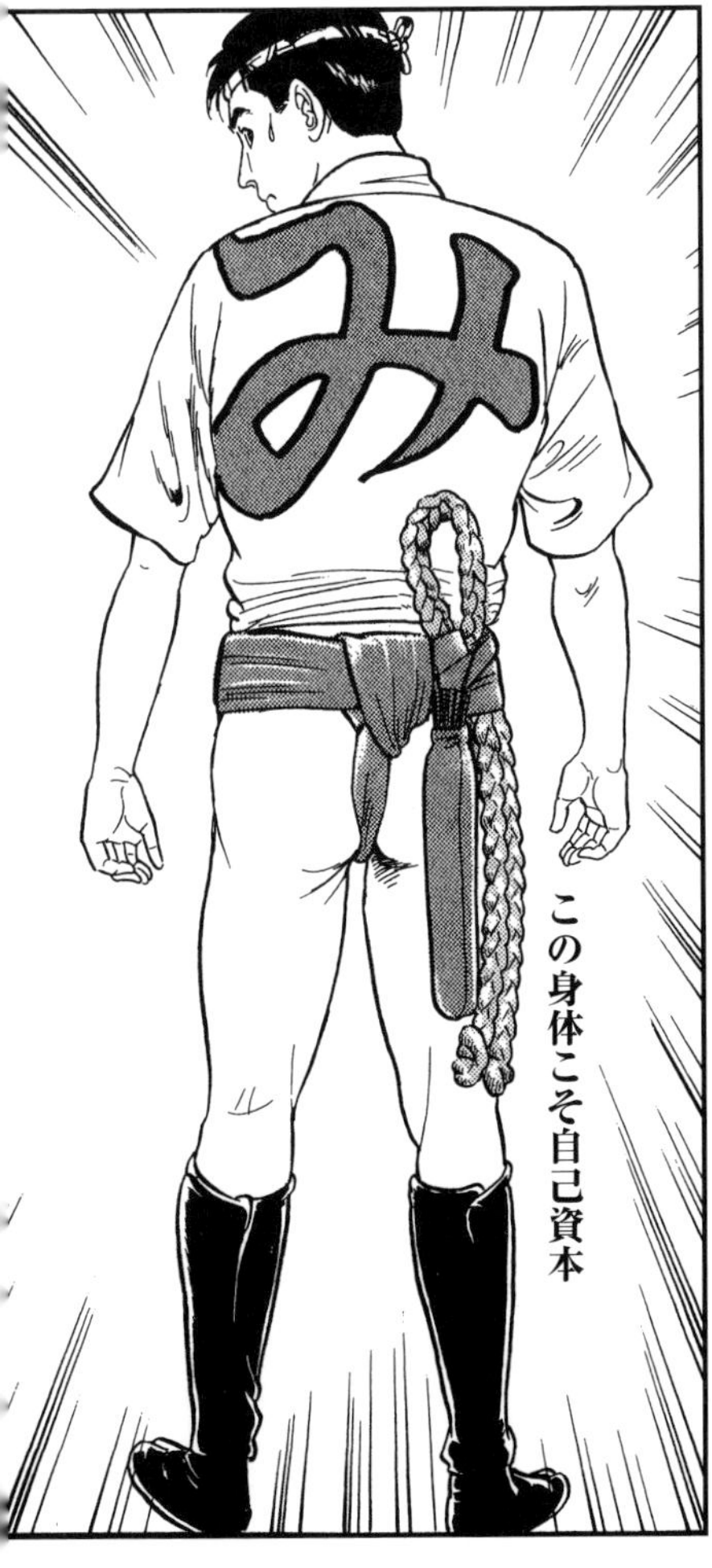

比率に、固定長期適合率がある。固定資産の調達資金を自己資本だけでなく、長期間返済の猶予のある固定負債も加えて求める。

固定長期適合率も、比率が小さいほど安全性が高い。数値は一〇〇%以下であれば問題ないが、もし、一〇〇%を超えるようなら、固定資産の購入に短期支払義務がある流動負債を使っていると考えられる。

貸借対照表

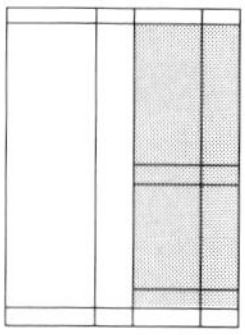

資本の充実こそ、安全性の最大の課題

自己資本比率を求める

負債は返済義務もあれば、金利もかかる。それに比べ、自己資本は金利もかからなければ、返済も不要だ。総資本における自己資本の割合が高いほど安定している。

貸借対照表

（単位 百万円）

流動負債	100	
固定負債	100	
資本金	100	自己資本
剰余金	200	自己資本
負債・資本合計	500	総資本

$$\text{自己資本比率} = \frac{\text{自己資本}}{\text{総資本}} \times 100$$

上表の数値をもとに計算すると

$$\text{自己資本比率} = \frac{300}{500} \times 100 = 60\%$$

理想は50%以上

自己資本比率も固定比率と同様に、成長期の会社がこだわりすぎ、設備投資をおろそかにすると、ビジネスチャンスを逃す。

会社の安全性はまた、会社が活動するための資金を負債に頼っているか、資本に頼っているかの違いからも見えてくる。

それを見る指標が、自己資本比率だ。資金調達での借金依存度を示す。自己資本比率は、自己資本を総資本で除して求められる。自己資本比率が高ければ高いほど、安全性は高い。負債が少ないほど安全なのだ。

また、会社の安全性をひと目で知るなら、剰余金に注目する。

剰余金が多いというだけでも、安全性が高いと判断できるが、剰余金を総資本で割った剰余金比率で、くわしく安全性がはかれる。

剰余金比率が高いということは、かなり優秀な会社だといえる。

ひと目でわかる会社の剰余金

剰余金がたくさんあるということは、順調に利益を上げてきた証拠である。またこれにより、突発的な問題が起きても、対処できる。

$$\text{剰余金比率} = \frac{\text{剰余金}}{\text{総資本}} \times 100$$

右表の数値をもとに計算すると

$$\text{剰余金比率} = \frac{200}{500} \times 100 = 40\%$$

理想は40%以上

えっ？ 39パーセント
欠損金、多すぎじゃないか

危ない会社に欠損金あり

剰余金がたくさんあれば、ひと目で会社の好調がわかるように、欠損金が出ている会社は、ひと目で危険な会社だといえる。

欠損金は慢性的に赤字になっていることの証拠で、このままだと債務超過となる。債務超過になると、銀行などからの融資がない限り、立ち直るのが難しくなる。

欠損金とは、損益計算書の当期純損失の累計。会社設立から幾度となく損失を計上し、積み重なってしまっている。

債務超過とは、自己資本がマイナスとなり、会社のすべての資産を現金化しても、負債を返せない状態をいう。

COLUMN

40%がデッドライン

会社の設立当初は別として、長い間活動を続けている会社が、債務超過になるようであれば、倒産の可能性大だ。

欠損金が、資産の四割に及ぶと、会社は一〇〇%に近い確率で倒産するといわれる。

自社、取引先の自己資本比率を確認してみよう。

従業員や設備がどれだけの付加価値を生んでいるか

損益計算書

生産性分析のキーワードは付加価値

労働生産性、労働分配率ともに、付加価値がないと計算ができない。付加価値とは何だろうか。

独自のルートがあったからこその付加価値

1万円

日本では手に入らないとされる幻のワインを1万円で仕入れた。これは、売上原価。

この差額、9万円が付加価値

この場合、付加価値は売上総利益と同じようだ。卸売業や小売業ではこの2つを一緒にしてかまわない。しかし、製造業では少し誤差が生じるために、使い分けている。

10万円

価格を10万円とした。ワイン愛好家が喜んで購入。これは、売上高。

労働分配率

付加価値に対する人件費の割合。給与により、左右される。人件費を安く抑えられるようなら、効率がよいことになり、生産性は高くなる。（P158参照）

労働生産性

従業員1人当たりがどれだけ付加価値を上げているかを示す。（P154参照）

会社の生産性を分析する。

一般的に「ヒト、モノ、カネ」が会社経営の三要素と呼ばれる。数ある経営指標のなかでも、生産性分析は、この三要素を見るうえで最も適している。

生産性とは、従業員の一人ひとり、機械などの設備の一つひとつが、どれだけ効率よく利益を上げたのかということだ。

その生産性を分析する主な指標は、二つある。

一つは、労働生産性だ。

これは、従業員一人ひとりが生んだ付加価値を求める指標だ。労働生産性は高ければ高いほどよく、従業員はそれだけ、よく働いていることを示す。

もう一つの指標は、労働分配率

COLUMN

給与と付加価値

従業員が望むのは、高い給与である。しかし、経営者が望むのは、高い生産性だ。これは、同時に低い人件費を望むということでもある。

給与は、人件費の多くを占めるため、できるかぎり低く抑えたい。だが、あまりに低いと、従業員の士気が下がり、高すぎると会社経営を圧迫する恐れがある。バランスのよい金額に設定したいものだ。

そのために、業界平均の給与を参考にしてみよう。

しかし、なにより経営者、従業員が考えることは、魅力ある商品、製品を作り、付加価値を生みだすことだ。そうすれば、おのずと生産性を維持しながらも、高い給与を得ることができる。

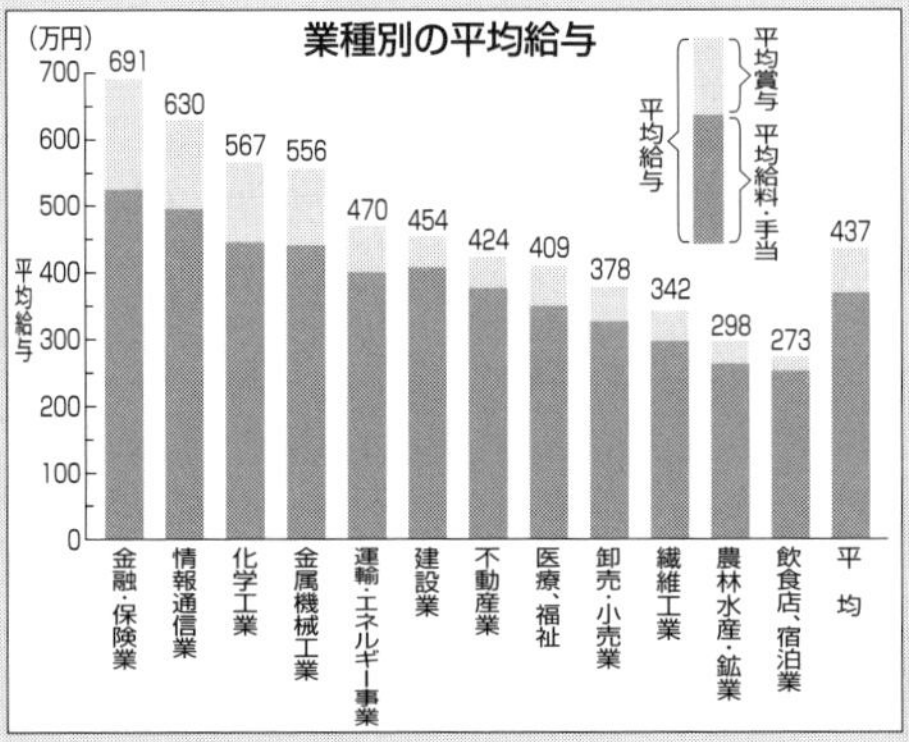

業種別の平均給与
(万円)
700
600
500
400
300
200
100
0
平均給与
691
630
567
556
470
454
424
409
378
342
298
273
437
平均賞与
平均給料・手当
平均給与
金融・保険業
情報通信業
化学工業
金属機械工業
運輸・エネルギー事業
建設業
不動産業
医療、福祉
卸売・小売業
繊維工業
農林水産・鉱業
飲食店、宿泊業
平均

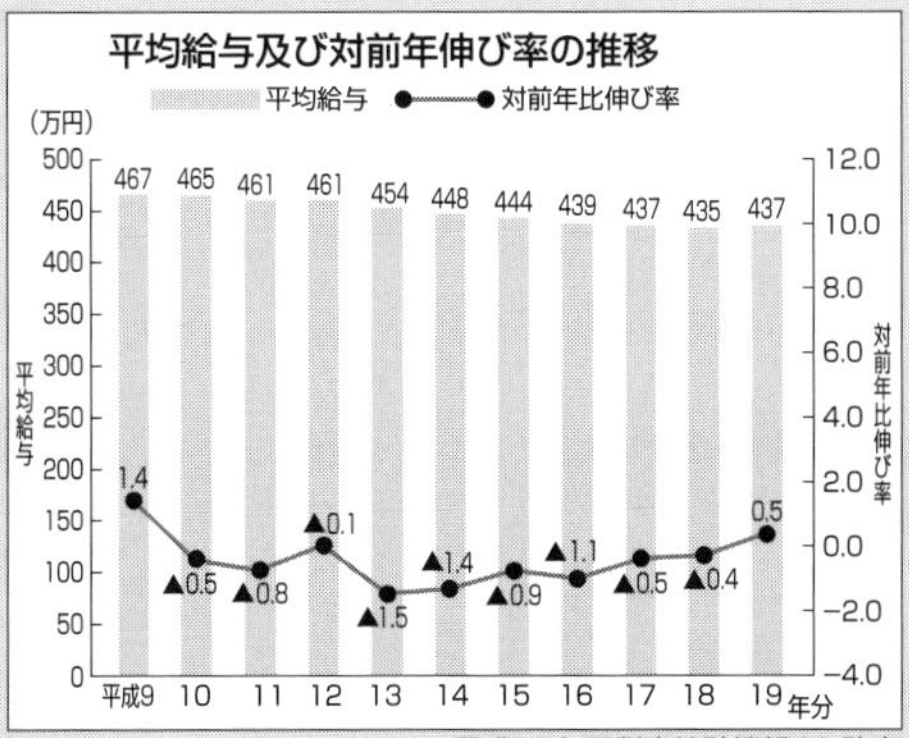

平均給与及び対前年伸び率の推移
平均給与
対前年比伸び率
(万円)
500
450
400
350
300
250
200
150
100
50
0
平均給与
467
465
461
461
454
448
444
439
437
435
437
1.4
▲0.5
▲0.8
▲0.1
▲1.5
▲1.4
▲0.9
▲1.1
▲0.5
▲0.4
0.5
12.0
10.0
8.0
6.0
4.0
2.0
0.0
−2.0
−4.0
対前年比伸び率
平成9
10
11
12
13
14
15
16
17
18
19
年分

平成19年国税庁統計情報より改変

だ。

これは生み出した付加価値のうち、どれだけ人件費に分配されたかを分析し、付加価値に対する人件費の割合を表すものだ。比率が低ければ低いほど、効率よく利益を上げていることになる。同時に、従業員が優秀なことも、ここでは見て取れる。

どちらの指標にもかかわっている付加価値とは、独自のルートで得た商品や、特別な技術による製品開発など、他ではできない、その会社のやり方から生まれた利益のことだ。

生産性を分析するには、売上高でなく、付加価値を使って計算することに注意しながら、より具体的な生産性分析に移ろう。

損益計算書

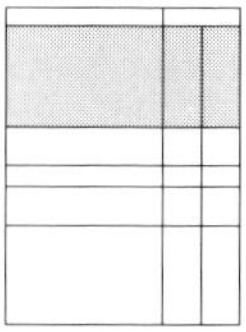

従業員一人ひとりが生む価値とは？

労働生産性を生み出す2つの要素

労働生産性は、従業員数と売上総利益から、計算される。

期首の時点では、会社に10人の従業員がいた

決算日・期末の時点では、2人辞め、会社には、8人の従業員が残った

損益計算書

自平成○○年4月1日
至平成○○年3月31日
（単位 百万円）

売上高	500
売上原価	400
売上総利益	100

労働生産性の公式

$$労働生産性 = \frac{付加価値}{平均従業員数}$$

決算日・期末の時点の従業員数ではなく、期首の時点での従業員数との平均値を使って、計算する。

上表の数値をもとに計算すると

$$労働生産性 = \frac{100}{(10+8)\div 2}$$

$$= 11.11（百万円）$$

例では1111万円となる。労働生産性は、中小企業では1000万円、大企業では2000万円を超えることが望ましい。

COLUMN

付加価値とは何だ

トヨタと日産の生産性を比べるなら、生産台数と従業員数を単純に比較すれば、わかる。

ところが、トヨタと松下電器の生産性を比べるとなると、業種が違うため、簡単にはわからない。

そういう場合のために、付加価値という指標が必要となってくる。

付加価値は、言葉のとおり、会社が付け加えた価値のことだ。仕入れにかかった費用や、材料費は、相手先の価値を買ったと考えられるから、付加価値とはいえない。このため、売上高から売上原価を引いた売上総利益が、付加価値として使われる。

卸売業や小売業では、業種の性格上、売上総利益と付加価値には大差がないのでよいが、製造業では売上原価にも、人件費が含まれる。そのため、少しばかり調整が必要となる。

アイドルは、付加価値が命。

従業員一人ひとりがどれだけ利益に貢献できたのかをはかる指標が、労働生産性だ。従業員一人当たりの付加価値とも呼ばれる。

労働生産性は、付加価値を平均従業員数で割り、求める。

付加価値を決算書から求めるのは、少々やっかいなため、一般的に売上高から売上原価を引いた売上総利益（P74参照）を使う。

労働生産性が高い場合、財テクの失敗や無駄な浪費がないかぎり、必ず利益が出る。

会社にとっては、わかりやすいうえに、重要な指標だ。

労働生産性を高めるためには二つの方法がある。公式から見て、売上総利益を増やすか、従業員を減らすかのどちらかだ。

労働生産性を上げる

労働生産性の公式を分解すると、固定資産と従業員の関係で、生産性の浮き沈みがわかる。

$$\text{労働生産性} = \frac{\text{売上高}}{\text{平均従業員数}} \times \frac{\text{付加価値}}{\text{売上高}}$$

1人当たり売上高　　売上高付加価値率

売上高を従業員数で割って求める１人当たり売上高と、付加価値を売上高で割って求める売上高付加価値率とに分解すると、商品や製品の独自の価値を、少人数で売ることが、労働生産性向上につながることがわかる。

さらに

$$\text{労働生産性} = \frac{\text{固定資産}}{\text{平均従業員数}} \times \frac{\text{売上高}}{\text{固定資産}} \times \frac{\text{付加価値}}{\text{売上高}}$$

労働装備率　　固定資産回転率　　売上高付加価値率

労働装備率とは、従業員1人当たりがもつ、会社の固定資産のことだ。
固定資産回転率はそこから生み出される売上高の比率である。
売上高付加価値率は、売上高に対する付加価値の割合、従業員一人ひとりが、どれくらい固定資産をもち、付加価値を生めるかを表す指標だ。

労働装備率を高めれば、労働生産性が向上することがわかる。そのためには、パソコンやロボットなどの固定資産を活用し、人手を減らせばよい。いまでこそ下火になっているようだが、ＩＴ企業の景気がよかった理由の1つはここにある。

公式から、労働生産性を上げるには、売上総利益（付加価値）を増やすか、従業員数を減らすかのどちらかだと述べた。

よりくわしく、労働生産性を上げる方法を見てみよう。労働生産性は公式を分解し、細かい分析が可能だ。

まず、売上高を基準にし、一人当たりの売上高と、売上高付加価値率とに分解する。

さらに、労働装備率と、効率性をはかる指標の一つとして説明した固定資産回転率、加えて売上高付加価値率とに分解できる。

ここからわかることはやはり、設備を充実させ、回転率を上げ、従業員を減らすことが労働生産性を高める方法だということだ。

アイドルの付加価値を計算するのはとても難しい。

続・付加価値とは何だ —2つの算出方法—

付加価値を算出する方法は2つある。

1つは、売上高から外部購入価値を引いて求める控除法だ。

外部購入価値とは、材料費、買入部品費、外注加工費など、外部から購入した価値のことをいう。


もう1つの算出方法は、加算法と呼ばれる。

人件費、金融費用、減価償却費、賃借料、租税公課、経常利益の6つの勘定科目の合計から付加価値を求める。

控除法

売上高	外部購入価値
	付加価値

加算法

付加価値	人件費 ＋ 金融費用 ＋ 減価償却費 ＋ 賃借料 ＋ 租税公課 ＋ 経常利益

労働分配率

生産性向上のために人件費をさらにくわしく分析する

損益計算書

人件費と付加価値の割合

生産性をはかる重要な指標が労働分配率だ。人件費を付加価値で割ることで求められる。

損益計算書（単位 百万円）

売上高	500
売上原価	400
売上総利益	100
販売費及び一般管理費	60

人件費とは、給料、賞与、退職金、法定福利費、福利厚生費などの合計。

（単位 百万円）

販売費及び一般管理費	60
給料	20
賞与	10
法定福利費	10
広告宣伝費	10
接待交際費	10

労働分配率の公式

$$\text{労働分配率} = \frac{\text{人件費}}{\text{付加価値}} \times 100$$

上表の数値をもとに計算すると

$$\text{労働分配率} = \frac{40}{100} \times 100$$

$$= 40\%$$

付加価値とは、会社の活動によって、新しく付け加えた価値。正確には、控除法、加算法を用いて計算するが、ここでは売上総利益（粗利）を使って計算する。

労働分配率は、50%以下に抑えることが、理想。

Q 売上高人件費率より労働分配率？

A 人件費を分析するとき、なぜ定番の公式、「売上高○○比率」ではなく、労働分配率を用いるのか不思議に思うかも知れない。

もちろん、売上高人件費率を計算することは、無駄ではない。

売上高が同じ2つの会社の、売上高総利益率、売上高人件費率を見ると、人件費を抑えているのはA社、無駄なく利益を上げているのは、B社ということが見て取れる。

これから、A社が薄利多売、B社が粗利を重視した戦略をとっているものと考えられる。

労働分配率は、売上高ではなく、売上総利益から見た人件費の割合を見る。言い換えれば、付加価値というその会社だけの魅力がどれだけの人件費で、どれだけ利益を生んでいるかに注目するのだ。

同じ売上高でも、その内容まで見ることのできる経営指標である。

	A社	B社
売上高	100	100
売上原価	80	60
売上総利益	20	40
人件費	10	14
売上高総利益率	20%	40%
売上高人件費率	10%	14%
労働分配率	50%	35%

売上高総利益率の公式

$$\text{売上高総利益率} = \frac{\text{売上総利益}}{\text{売上高}} \times 100$$

売上高人件費率の公式

$$\text{売上高人件費率} = \frac{\text{人件費}}{\text{売上高}} \times 100$$

労働分配率の公式

$$\text{労働分配率} = \frac{\text{人件費}}{\text{付加価値（売上総利益）}} \times 100$$

生産性を分析するには、会社が生んだ付加価値がどこに分配されるのかを見ることが重要となる。付加価値を売上総利益と置き換えて考えてみよう。

会社が生んだ売上総利益は多かれ少なかれ、借金の返済に消えたり、自己資本として貯めたりすることで、どこかに分配されることになる。

そのなかでも、付加価値が人件費にどれだけ分配されたのか見る指標が労働分配率だ。

労働分配率は、人件費を付加価値で割って求める。

この指標が低いほど、付加価値に占める人件費の割合が抑えられていることになり、会社の生産性は高いことになる。

労働分配率の公式を分解

より深い分析をするためには、いままでの例と同じように、公式を分解していけばよい。

労働分配率の公式

$$\text{労働分配率} = \frac{\text{人件費}}{\text{付加価値}} \times 100$$

↓

$$\frac{\text{人件費}}{\text{付加価値}} = \frac{\text{人件費}}{\text{平均従業員数}} \div \frac{\text{付加価値}}{\text{平均従業員数}}$$

従業員１人当たりの人件費 ／ 労働生産性

同業他社より少ない従業員で経営することで、１人当たり人件費は高くなる。
しかし、労働分配率を低くするために、それなりの労働生産性が必要となる。

会社の経営分析にコツがあるとするなら、一つの公式を丸暗記するだけでなく、分解する発想が欠かせない。労働分配率を分解する。

人件費を付加価値で割る労働分配率の公式は、従業員一人当たりの人件費と、前のページで説明した従業員一人当たりの付加価値、労働生産性とに分解される。

分解すると、従業員一人ひとりが、会社独自の魅力ある商品なり、製品を、いくらの給料で担っているかというシビアな指標だと改めてわかる。

しかし、見方を変えると、ベースアップ交渉の動かざるデータともなり、自分の成果をはかれる、覚えておいて損のない指標ともいえる。

従業員1人当たりの人件費

従業員1人当たりの人件費の公式

$$\text{従業員1人当たりの人件費} = \frac{\text{人件費}}{\text{平均従業員数}}$$

前期と当期を比べ、人件費が急激に上がっているようだと、会社経営を圧迫。注意が必要だ。

人件費とは、給料、賞与、退職金、法定福利費、福利厚生費などをいう。
従業員からすると、給料は高いにこしたことはなく、経営者からすると何とか低くしたい。
低すぎると従業員の意欲をそぐことにつながる。バランスが大切だ。
１人当たり人件費を充実させるためには、経営者、従業員共々、付加価値を生む活動を目指すことが大切である。

いまや労働組合は会社と対立するものではありません労使協調して一丸となって会社を存続させてゆく……そういう組織です

COLUMN

労働生産性と労働分配率の違い

労働分配率の公式を分解すると、労働生産性が公式に表れる。

関係深い二つの指標の違いは何だろうか？

労働生産性は付加価値を分子に、従業員数を分母にして計算する。

従業員一人ひとりが、どれくらい付加価値を生んでいるかを分析する指標だ。視点を従業員の数に置いて労働力をはかっている。

一方、労働分配率は、人件費を付加価値で割って求める。分解しない限り、公式に、従業員数は表れない。同じ労働力でも、労働分配率は人件費に視点を置いていることがわかる。

同じ従業員に関する分析でも、人数とコストの両面から見ることで、よりくわしい生産性が見えてくる。

損益計算書

誰もが気になる、売上高と費用がつり合う点

会社は全天候型経営を目指す

雨にも負けず、風にも負けず、会社は好況不況にかかわらず、安定した経営体制を作らなければならない。
そのために、損益分岐点は重要な指標になる。

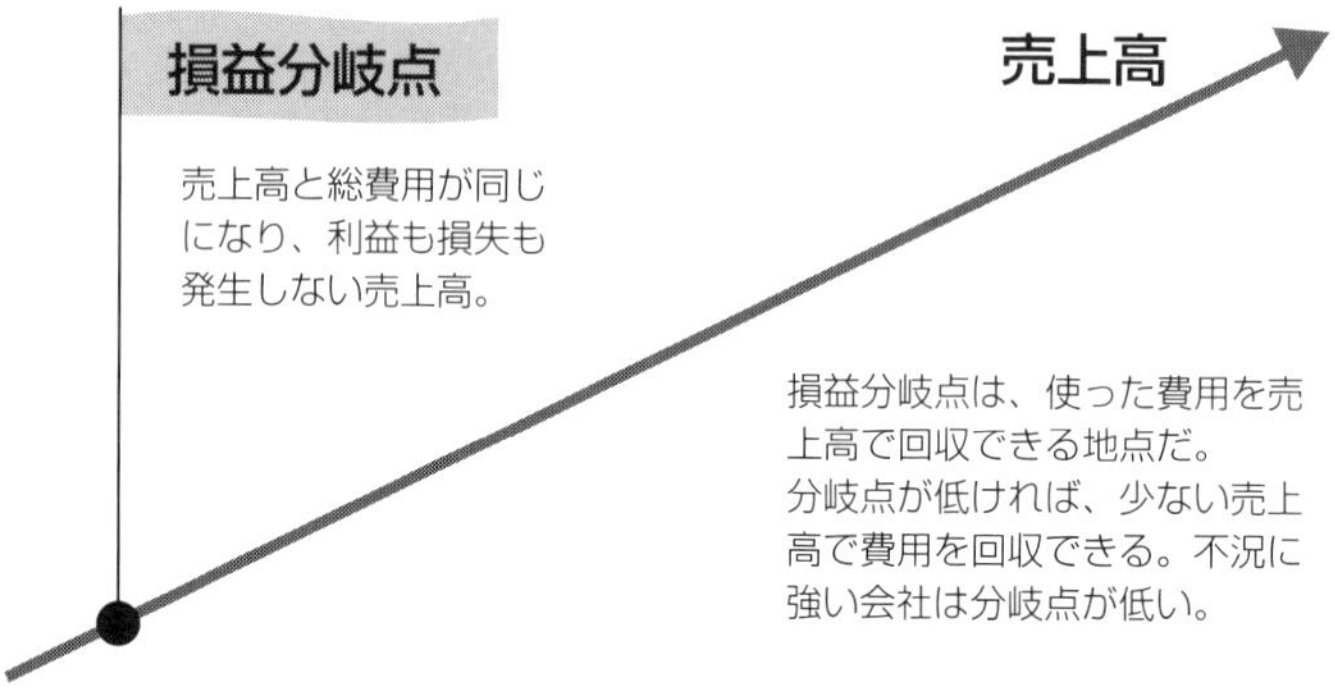
損益分岐点
売上高と総費用が同じになり、利益も損失も発生しない売上高。
売上高
損益分岐点は、使った費用を売上高で回収できる地点だ。
分岐点が低ければ、少ない売上高で費用を回収できる。不況に強い会社は分岐点が低い。

HOTEL 雅山
男と女も一線を越えてからがほんまもんと違いますか

損益分岐点とは、会社の活動の結果、利益になるか、損失になるかの境目となる売上高のことだ。売上高がそれを下回ると損失が発生し、上回れば利益が出る「採算ライン」といえる。

会社の事業は、スタートからこの損益分岐点に到達するまでが、最も大変といわれ、非常に苦労する。しかし、売上高が損益分岐点を超えてしまえば、利益は売上高の上昇とともに順調に伸びる。

経営者の口から、「事業が軌道にのった」という言葉を聞くことがあれば、これは、損益分岐点をクリアしたことを意味している。

損益分岐点は、具体的な数字として、会社の目標になるので、経営戦略には欠かせない。

利益図表と経営安全額

損益分岐点を表す利益図表を読み、経営安全額を知ろう。

売上高が、損益分岐点売上高よりいくら上回っているかを示す経営安全額が多いほど、倒産する可能性は低い。

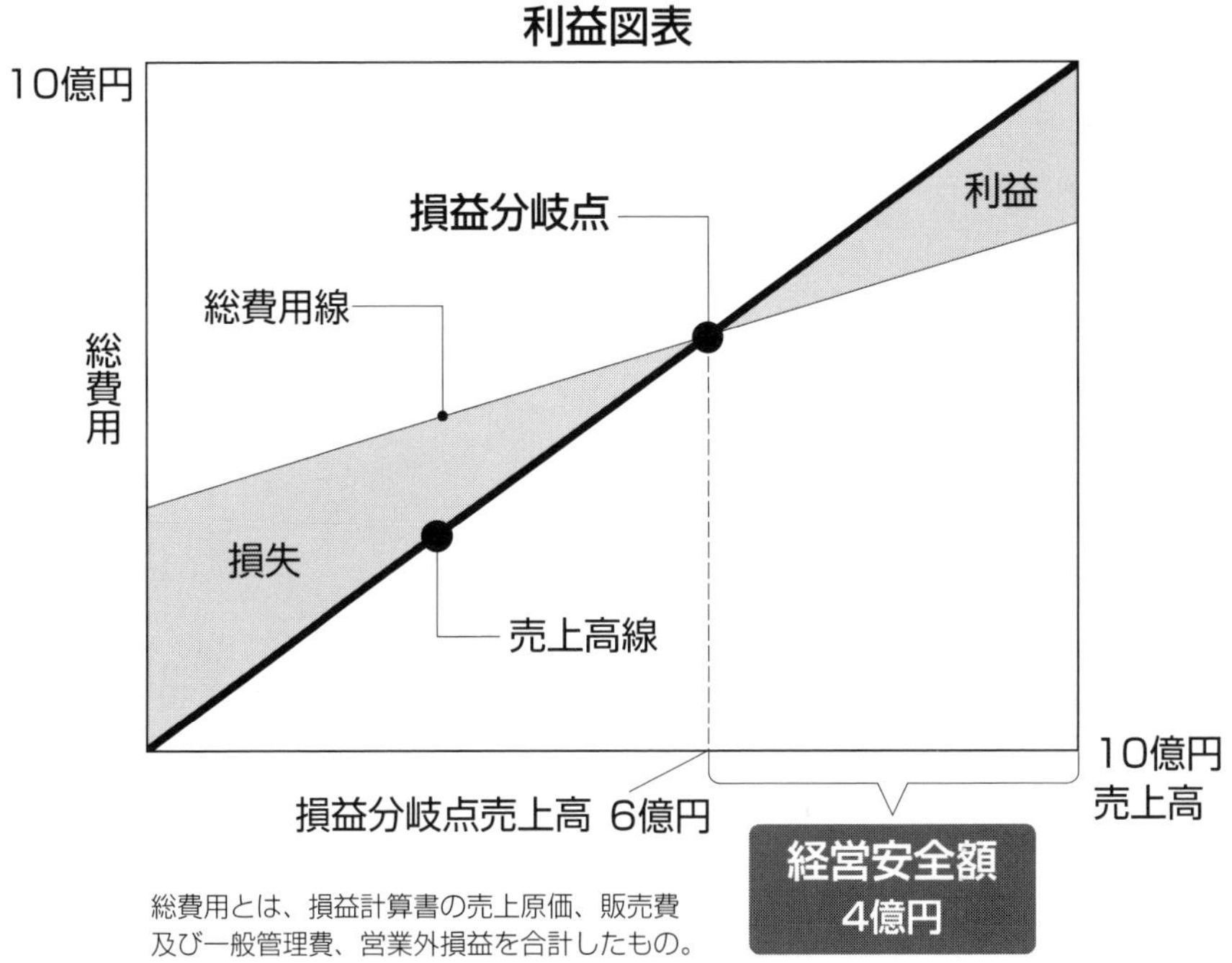

利益図表
10億円
総費用
損益分岐点
利益
総費用線
損失
売上高線
10億円
売上高
損益分岐点売上高 6億円
経営安全額
4億円

総費用とは、損益計算書の売上原価、販売費及び一般管理費、営業外損益を合計したもの。

経営安全額の公式

経営安全額 ＝ 売上高 － 損益分岐点売上高

上表の数値をもとに計算すると

経営安全額 ＝ 10億円 － 6億円

＝ 4億円

売上高がいまより、4億円減ったとしても、赤字にならない余裕がある。
不況に耐えぬく会社は、経営安全額を多くもつ。

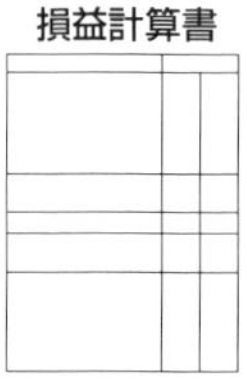

会社の具体的な目標は、費用の分解から見えてくる

費用の分解

費用を変動費、固定費とに分解する。

(単位:百万円)

勘定科目		金額	費用分解	
売上高		1000		
売上原価	材料費	500	固	0
			変	500
一般管理費 販売費	給与	300	固	300
			変	0
	通信費等	60	固	10
			変	50
営業外収益		0	固	0
			変	0
営業外費用		40	固	40
			変	0
経常利益		100		

売上高(1000)−経常利益(100)=費用(900)

費用　900 のうち
- 固定費(350)　売上高に連動しない費用
- 変動費(550)　売上高に連動する費用

電話代などの通信費等は、基本使用料が固定費、通話料が変動費となり、両方に分解される。

費用を変動費と固定費に分けることで、損益分岐点分析は始まる。費用の分解の手引きとして中小企業庁が出している『中小企業の原価指標』を参考にするとよい。業種別の費用の分解を見ることができる。

利益と損失の境目になる損益分岐点売上高を求めるには、費用を変動費と固定費とに分解する。

売上高に比例して増減していく費用が変動費、売上高に関係なく一定期間に必ず発生する費用が固定費だ。製品を作れば作るほど増える材料費は変動費に、たくさん作ったからといって必ずしも上がるとは限らない給料などは、固定費に分類される。

表では、費用九億円のうち、変動費が五億五〇〇〇万円、固定費が三億五〇〇〇万円だ。変動費、固定費の分解は、自社だけで分析する場合は、会社の判断に任せられる。しかし、他社と比較する際は、同じ基準で分解しなければならないことに気をつけよう。

変動費率の公式

$$\text{変動費率} = \frac{\text{変動費}}{\text{売上高}} \times 100$$

右表の数値をもとに計算すると

$$\text{変動費率} = \frac{550}{1000} \times 100$$

$$= 55\%$$

損益分岐点売上高の公式

$$\text{損益分岐点売上高} = \frac{\text{固定費}}{1-\text{変動費率}}$$

右表の数値をもとに計算すると

$$\text{損益分岐点売上高} = \frac{350}{1-55\%}$$

$$= 777.78\text{（百万円）}$$

分母の「1－変動費率」を計算すると45％となる。このパーセントを限界利益率という。限界利益率が大きいほど、会社の業績はよくなる。

次に、変動費率を計算する。変動費を売上高で割り、売上高に対する変動費の割合を調べるのだ。

最後に上記の公式に当てはめて、損益分岐点売上高を求める。A社は七億七七七八万円。会社の目標が具体的な数字となって表れる。

COLUMN

限界利益から求める損益分岐点売上高

変動費率を計算しなくとも、損益分岐点売上高は求めることができる。

限界利益とは、売上高から変動費を引いた利益だ。さらにこれから、限界利益を売上高で割れば、限界利益率がわかる。

後は、公式と同じで、固定費を限界利益率で割れば、損益分岐点売上高が出る。

損益計算書

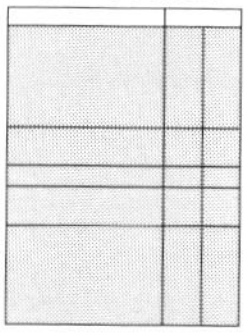

損益分岐点から会社の余裕を見る

余裕を知る裏表の比率

会社がどれだけ余裕をもって経営しているかを知る経営安全率、余裕を得るための目標となる損益分岐点比率。2つの比率を合計すると、必ず100%になる。

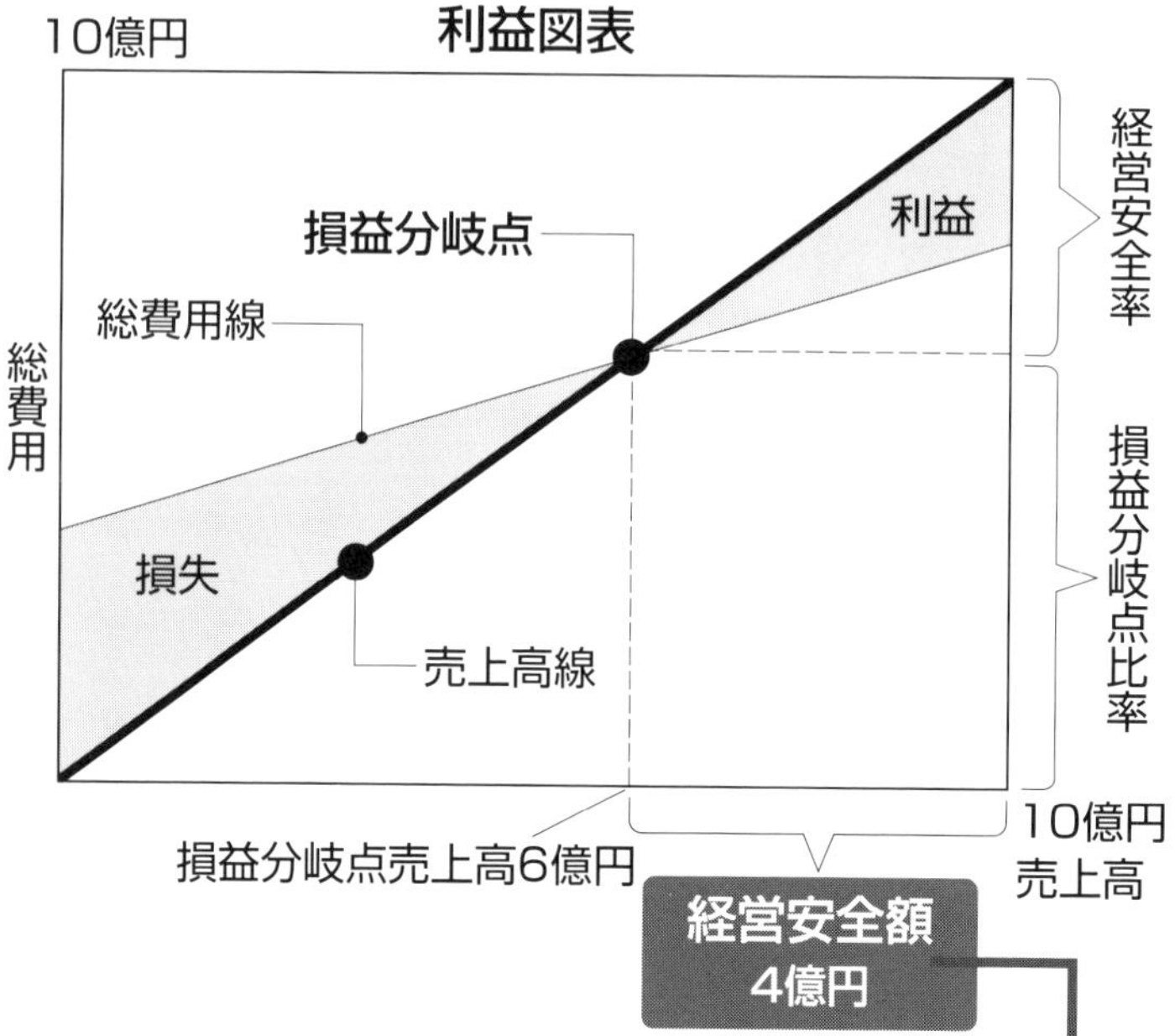
利益図表
10億円
総費用
利益
損益分岐点
総費用線
損失
売上高線
経営安全率
損益分岐点比率
損益分岐点売上高6億円
10億円
売上高
経営安全額
4億円

経営安全率の公式

$$経営安全率 = \frac{売上高 - 損益分岐点売上高}{売上高} \times 100$$

上表の数値をもとに計算すると

$$経営安全率 = \frac{4億円}{10億円} \times 100$$

$$= 40\%$$

高ければ高いほどよい。パーセントの分、損益トントンになるまで余裕があるといえる。

損益分岐点比率の公式

$$\text{損益分岐点比率} = \frac{\text{損益分岐点売上高}}{\text{売上高}} \times 100$$

上表の数値をもとに計算すると

$$\text{損益分岐点比率} = \frac{\text{6億円}}{\text{10億円}} \times 100$$

$$= 60\%$$

低ければ低いほどよい。60％未満が理想。100％で損益トントンの状態なので、超えてしまうと、赤字ということだ。

小学生より、サラリーマンにゆとりを。

損益分岐点をもとにした経営指標には、経営安全率と損益分岐点比率の二つがある。

経営安全率とは経営安全額が売上高に対して、どれくらいになるのか計算する比率だ。経営安全額は、損益分岐点より売上高がどれくらい上回っているのかを示す具体的な金額だ。

この比率は高ければ高いほど会社経営に余裕があるといえる。

もう一つの比率、損益分岐点比率は、損益分岐点売上高が、売上高に対してどれくらいになるのか計算する比率だ。

より低い損益分岐点の方が、会社は利益を生み出しやすいため、損益分岐点比率は低ければ低いほどよい。

余裕のある会社にする方法

経営安全額を増やすには、損益分岐点を下げればよい。そのためには、売上高を上げるか、費用を削るかの2つの方法がある。

1 売上高を増加させる

売上高が増えれば、売上高線が上向きになり、相対的に損益分岐点の位置が下がる。

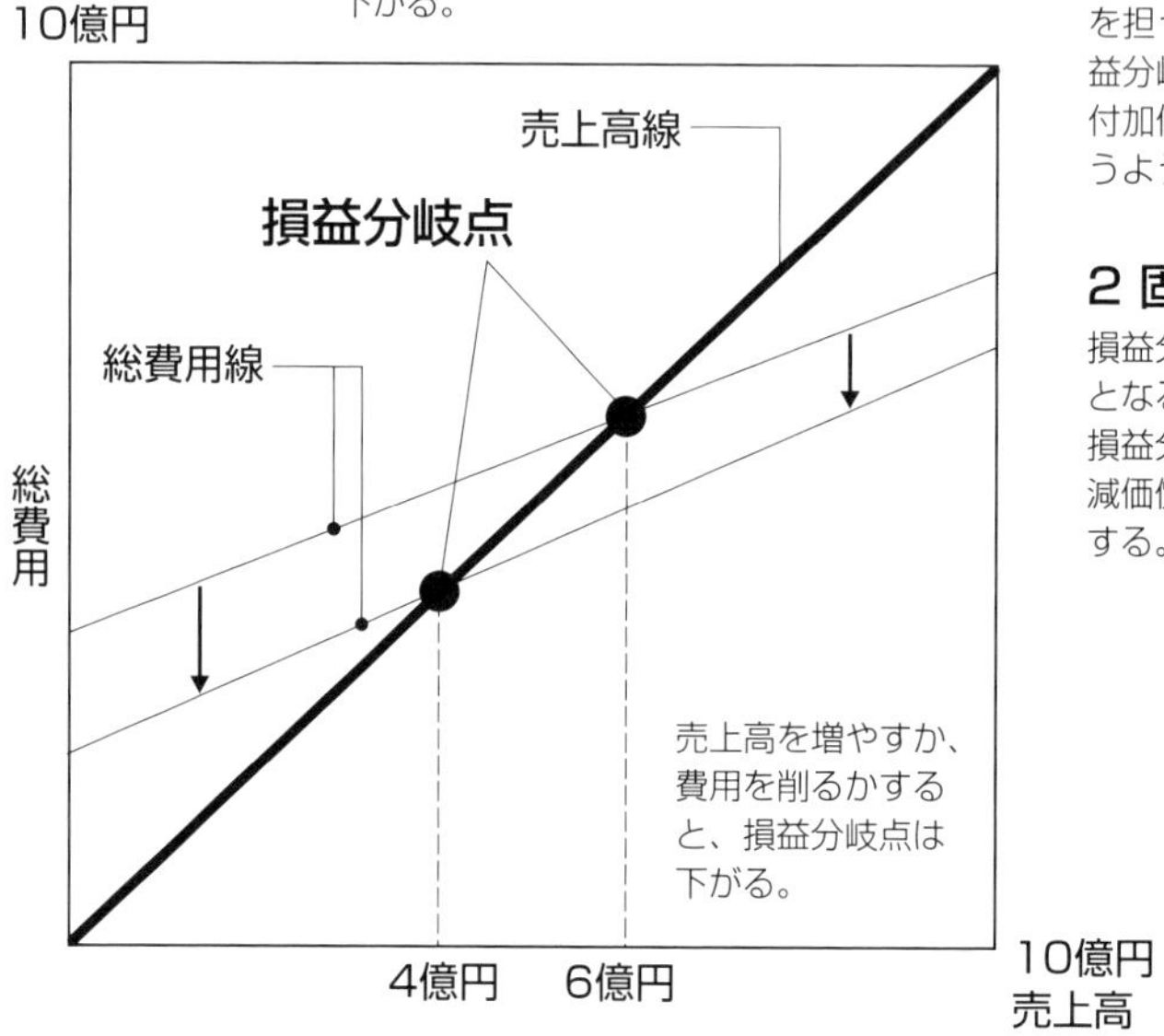

10億円
売上高線
損益分岐点
総費用線
総費用
売上高を増やすか、費用を削るかすると、損益分岐点は下がる。
4億円
6億円
10億円
売上高

2 費用を削減する

1 変動費率を下げる

損益分岐点売上高の公式の分母を担う変動費率を下げれば、損益分岐点は下がる。具体的には、付加価値のある商品や製品を扱うようにすればよい。

2 固定費の削減

損益分岐点売上高の公式の分子となる固定費を減らすことで、損益分岐点は下がる。人件費、減価償却、支払利息などを削減する。

損益分岐点の二つの比率から、経営改善のポイントを見てみよう。

経営安全率は高く、損益分岐点比率は低い方がよい。しかもこの二つの比率は、合計して一〇〇％になることからもわかるように、表裏の比率だ。

どちらかの比率が改善されれば、すべて改善される。

経営安全率を高めるには、経営安全額を増やせばよい。これが同時に損益分岐点比率の低下となる。

そのためには、まず、売上高を増やすことが考えられる。それ以外では、費用を減らすことでも経営安全額は増える。

現在の日本のような不況下では、物価は下がっているので、商品や製品を値上げして、売上増加をは

フリーター採用で人件費を変動費にする

限界利益（売上高から変動費を引いた利益）が固定費を下回ると、損益分岐点比率が100％を超え、会社は赤字になる。

その対策として、固定費を減らしている会社が多い。早期退職者を募るなどして、人員整理を行っているのはそのためだ。

さらに、会社は人件費を固定費から変動費に変え、人件費を圧縮することも行っている。


人件費を変動費にするというのは、仕事の量に応じて従業員を増やしたり、減らしたりすることだ。具体的には正社員雇用ではなく、アルバイトやパート労働者を多く雇用する。

週単位のシフト制で、アルバイトを使ったり、ホテルなどの宴会場のスタッフを、外部の配膳サービスに委託したりするのは、人件費を変動費にしている例である。

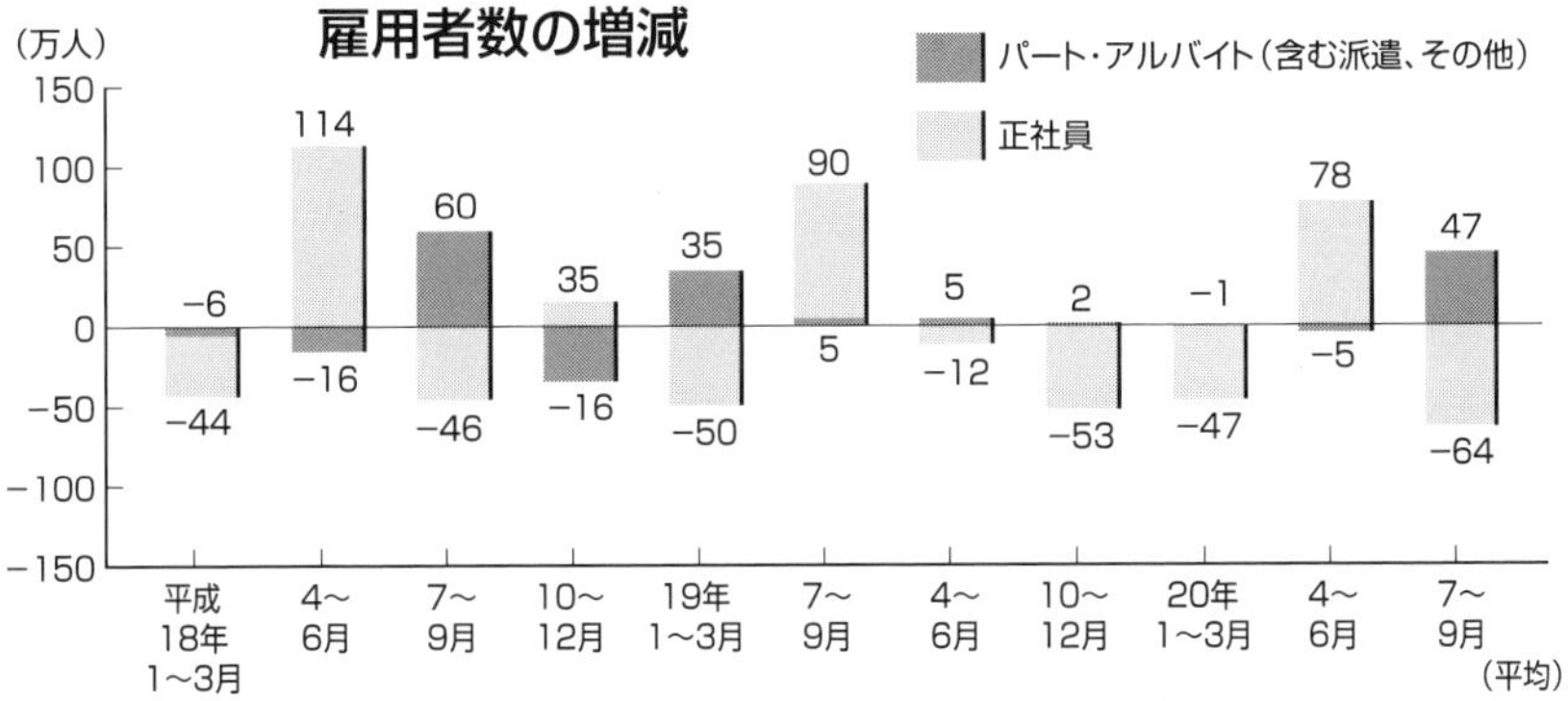
雇用者数の増減
（万人）
パート・アルバイト（含む派遣、その他）
正社員
150
100
50
0
−50
−100
−150
−6
−44
114
−16
60
−46
35
−16
35
−50
90
5
5
−12
2
−53
−1
−47
78
−5
47
−64
平成18年1～3月
4～6月
7～9月
10～12月
19年1～3月
7～9月
4～6月
10～12月
20年1～3月
4～6月
7～9月
（平均）
総務省「労働力調査詳細集計」より改変

日本経済は長びく風邪のごとし。

かるのは難しいだろう。

だから、会社はリストラによる人員整理で人件費を削り、さまざまな経費を見直し、損益分岐点を下げ、余裕を得ようとするのだ。

連結！
パチ
パチ
パチ
パチ
パチ
パチ
パチ
パチ

第6章

連結決算書

グループ会社をひとまとめ

規模が大きくなるにつれ会社は、子会社を作って連結し、グループ会社として活動する。

連結決算書は、そのグループ会社の成績を表す決算書だ。

会社の真の姿が、まとめることで、よりはっきり見えてくる。

よろしくお願いします
こちらこそよろしくお願いします

企業を集団でとらえ、まとめて成績を見る

グループ全体で見る連結財務諸表

連結決算書は証券取引法にもとづいて、株式公開会社などに作成が義務付けられている。正式には「連結財務諸表」という。

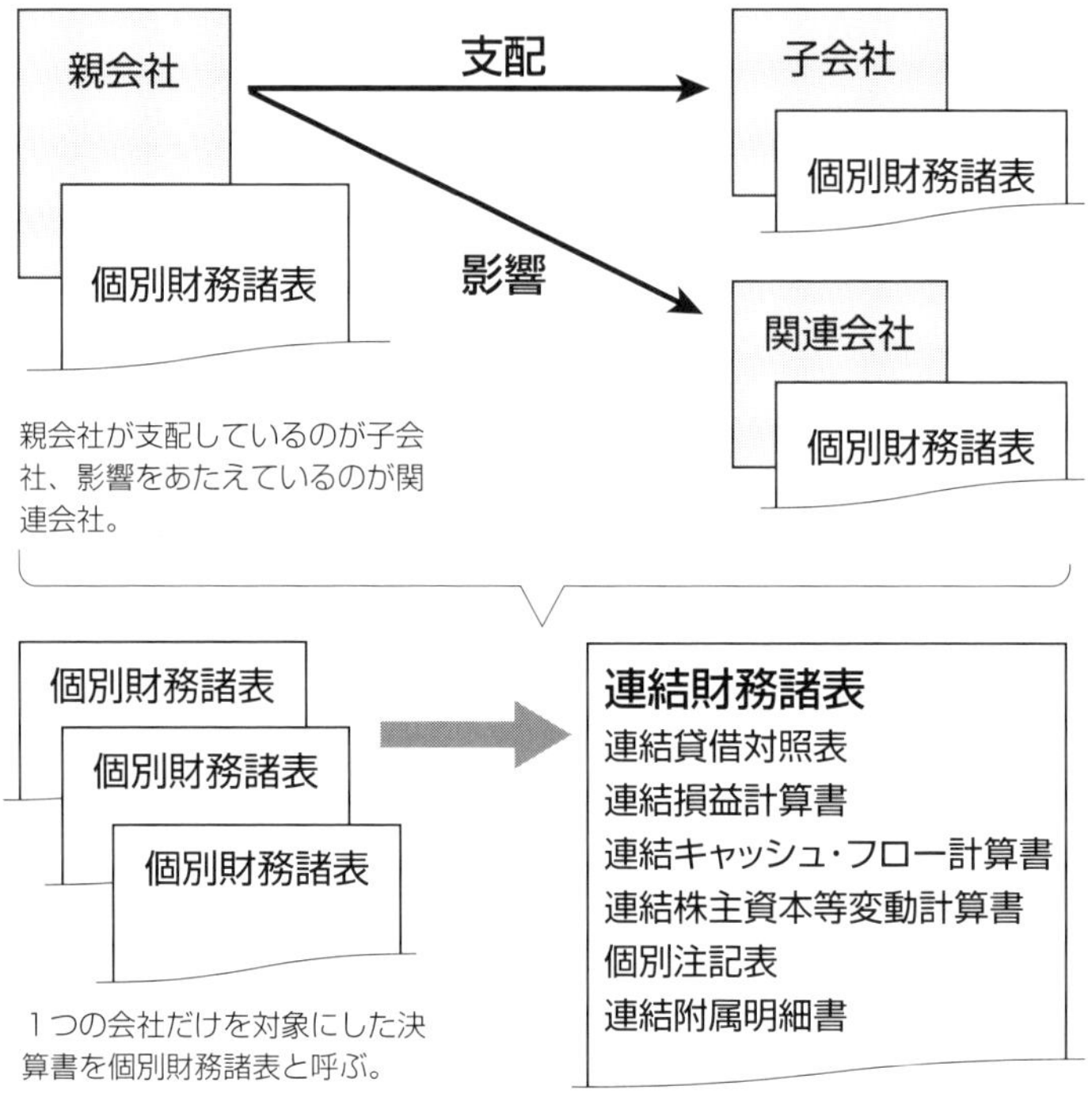
親会社
個別財務諸表
支配
影響
子会社
個別財務諸表
関連会社
個別財務諸表
親会社が支配しているのが子会社、影響をあたえているのが関連会社。
個別財務諸表
個別財務諸表
個別財務諸表
1つの会社だけを対象にした決算書を個別財務諸表と呼ぶ。
連結財務諸表
連結貸借対照表
連結損益計算書
連結キャッシュ・フロー計算書
連結株主資本等変動計算書
個別注記表
連結附属明細書

会社は成長し、業務を拡大するに伴い、子会社や関連会社をもつようになる。

たとえば、生産や販売など事業別に、子会社や関連会社に任せたり、新規事業のために、新会社を設立したりする。

その場合、一つの会社を対象とする個別の決算書を見て、親会社や子会社、関連会社それぞれの成績はわかっても、事業を分散させた分、企業全体の成績はわかりにくい。

そこで必要になるのが、連結財《れんけつざい》務諸表《むしょひょう》だ。

親会社や子会社、関連会社など、グループ会社を一つの企業集団と見なし、集団全体の成績をまとめる決算書である。

連結財務諸表の作り方

連結財務諸表は、親会社や子会社の財務諸表を合算、調整して作成する。子会社と関連会社では調整の仕方が違うので注意する。

親会社と子会社の場合

お互いの個別財務諸表の勘定科目を１つひとつ合算し、連結仕訳を用いて調整する。

単純合算財務諸表

連結仕訳とは親と子で二重計上している金額を相殺することだ。以下の3つがある。

1.投資と資本の相殺消去
親会社が、子会社の設立に投資した現金と、子会社の資本金は企業集団内で考えれば同じことなので、お互いを差し引く。

2.内部取引の消去
企業集団内での取引で、親会社に利益、子会社に費用が発生している場合はお互いを差し引く。

3.未実現損益の消去
親会社から子会社へ売った商品が、子会社に在庫として残る場合、企業集団としては売り上げにならない。親会社の売り上げは消去する。

企業集団内での取引は計上しないのが原則

親会社と関連会社の場合

財務諸表を合算せず、必要分だけを調整し、連結財務諸表に組み込む。これを持分法という。

持分法
持分法とは連結仕訳を簡略化したものだ。
財務諸表の科目１つひとつを合算せず、関連会社の損益は、親会社の関連会社株式の勘定を調整することで、連結財務諸表に組み込まれる。

例
親会社が関連会社の株式を20%もち、関連会社が利益を100上げたとする。

$$100\times0.2=20$$

↓

連結財務諸表の「関連会社株式」に反映される。

子会社は「支配」され、関連会社は「影響」を受ける

子会社、関連会社を決める2つの基準

持株基準と実質的支配力基準を使って子会社と関連会社を決める。

持株基準	ほかの会社の株式を、過半数もっていれば子会社、20%以上50%以下もっていれば関連会社となる。
実質的支配力基準	株式だけでなく、役員を派遣していたり、相当額の資金供給をするなど、実質的に支配している。

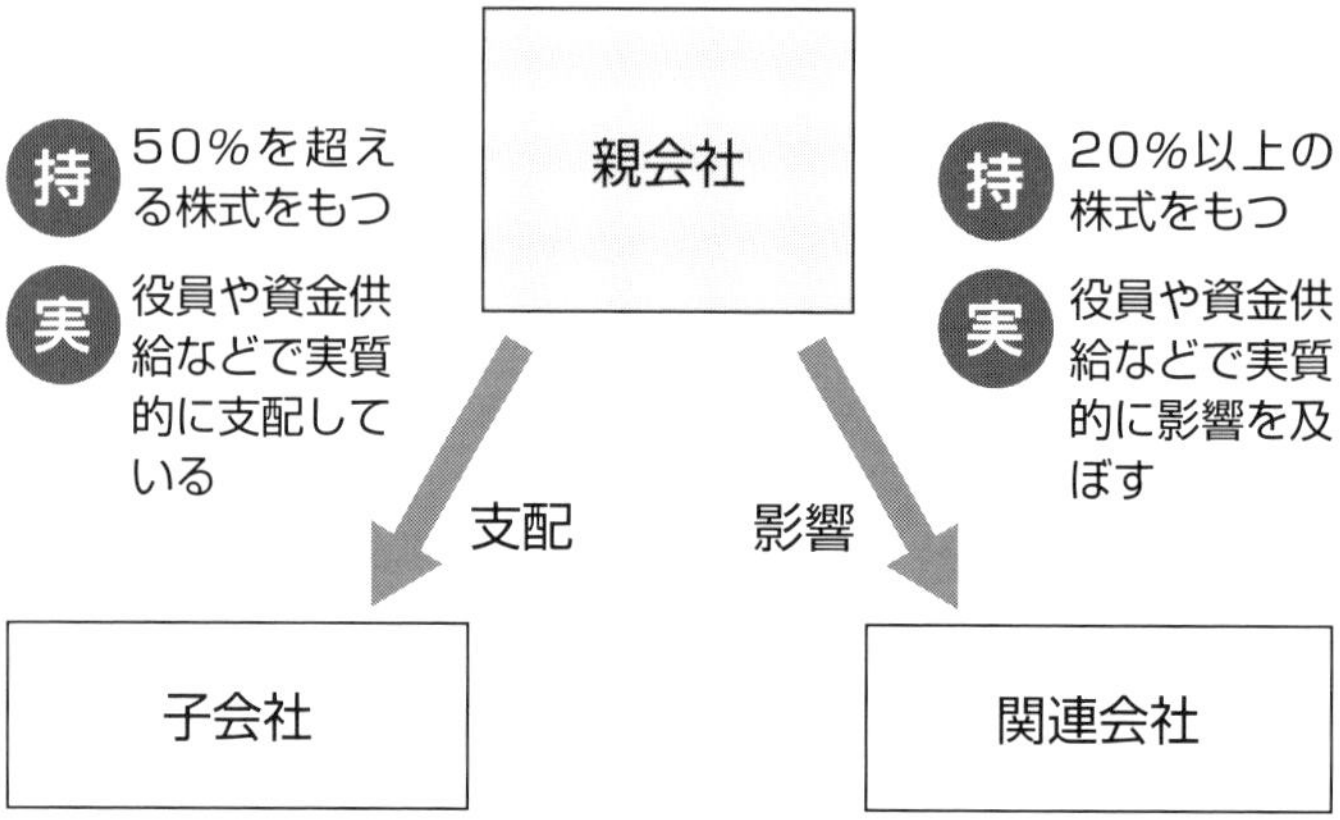
親会社
持 50%を超える株式をもつ
実 役員や資金供給などで実質的に支配している
持 20%以上の株式をもつ
実 役員や資金供給などで実質的に影響を及ぼす
支配
影響
子会社
関連会社

極端な話、役員を多数送り込んで支配していれば、株式を保有しなくとも子会社と判断される。

親会社に支配される子会社、影響を受ける関連会社は、二つの基準から定義される。

一つは、「持株基準」という、親会社が、子会社や関連会社の株式をいくらもっているかで判断する基準だ。

しかし、株式をいくらもっているかだけの形式的な基準では、業績の悪くなった子会社や関連会社を、実質的に支配しながら持株だけを操作して、連結決算から外すことが可能だ。

それでは、企業集団の真の姿が見えてこない。そこで、実質的支配を見るために考えられたのが、「実質的支配力基準」だ。

これにより、企業集団が作る決算書の透明性が増した。

昔、子会社は隠れみのだった

持株基準だけが、判断基準だった時代には、親会社の決算書をよく見せるために、子会社や関連会社を使って損失を隠すことができた。

連結外し

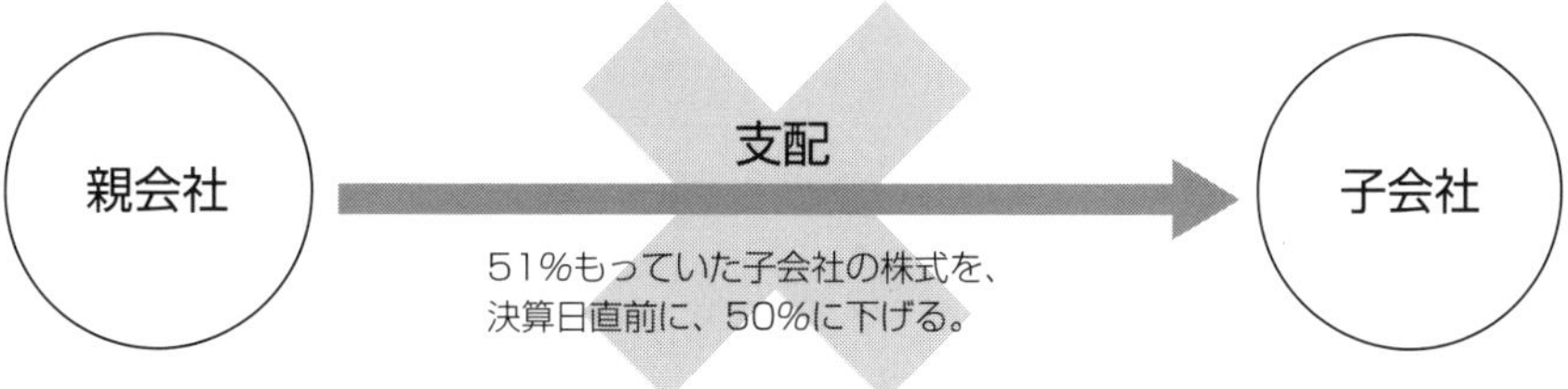

親会社
支配
子会社
51%もっていた子会社の株式を、
決算日直前に、50%に下げる。

業績の悪い子会社を、株式を調整することで、連結から外し、企業集団の決算書をよく見せる。

飛ばし

親会社
不良債権、不良在庫
融資
子会社

親会社が抱える不良債権などを、子会社に買い取らせる。しかし、その資金も実は、親会社から融資される。子会社からすると、それは借金である。

企業集団はラグビーのスクラムに似ている
一人ひとりの力がいくら強くても
スクラムをガチッとバインドしなければ
力が分散して推進する力は出ない

連結貸借対照表はいますぐ読める

連結貸借対照表の読み方は、個別貸借対照表の読み方と基本的に変わらない。ただ、付け加えられた科目を知ればよい。

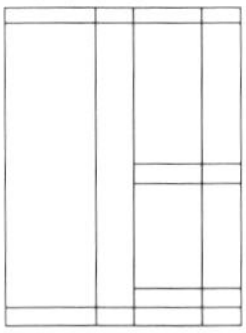

企業集団の財政状態を表す連結貸借対照表

連結貸借対照表
平成○○年○月○日現在　　（単位：百万円）

科　目	金　額	科　目	金　額
（資産の部）		（負債の部）	
I 流動資産	○○○	**I 流動負債**	○○○
現金及び預金	○○○	支払手形	○○○
受取手形	○○○	買掛金	○○○
売掛金	○○○	短期借入金	○○○
有価証券	○○○	未払法人税等	○○○
たな卸資産	○○○	賞与引当金	○○○
その他流動資産	○○○	その他流動資産	○○○
貸倒引当金	△○○○	**II 固定負債**	○○○
II 固定資産	○○○	社債	○○○
（有形固定資産）	○○○	長期借入金	○○○
建物・構築物	○○○	退職給付引当金	○○○
機械装置・運搬具	○○○	連結調整勘定	○○○
工具、器具及び備品	○○○	その他固定負債	○○○
土地	○○○		
（無形固定資産）	○○○	負債合計	○○○
連結調整勘定	○○○		
特許権	○○○	（純資産の部）	
営業権	○○○	**I 株主資本**	○○○
その他無形固定資産	○○○	資本金	○○○
（投資等その他の資産）	○○○	資本剰余金	○○○
投資有価証券	○○○	利益剰余金	○○○
長期貸付金	○○○	自己株式	△○○○
長期前払費用	○○○	**II 評価・換算差額等**	○○○
貸倒引当金	○○○	**III 新株予約権**	○○○
III 繰延資産	○○○	**IV 少数株主持分**	○○○
		純資産合計	○○○
資産合計	○○○	負債・純資産合計	○○○

連結している子会社、関連会社の個別貸借対照表と見比べれば、どの子会社が企業集団に貢献しているか、または足を引っ張っているかがわかる。

金融商品取引法で作成を義務付けられている財務諸表では、貸借《たいしゃく》対照表は、決算日時点での会社の財産を表す決算書だった（P10参照）。

連結貸借対照表も、基本的には個別財務諸表の貸借対照表と同じだ。

決算日時点での親会社、子会社、関連会社など、企業集団の財政状態を表す。

連結貸借対照表の見方や内容もほとんど貸借対照表と同じだが、「純資産の部」に「少数株主持分」という連結固有の項目が設けられている。

少数株主持分とは、親会社に帰属しない子会社の資本のこと（くわしくは左ページ参照）。

純資産の部にある少数株主持分

子会社の資本となる株式を、親会社以外にもつ人や会社を、少数株主といい、少数株主がもつ株式のことを少数株主持分という。
たとえば、親会社が子会社の株式を70%もっているとすれば、残りの30%が少数株主持分となる。

例　子会社の資本100、利益100とすると

自己資本　100	子会社株式　70 少数株主持分　30

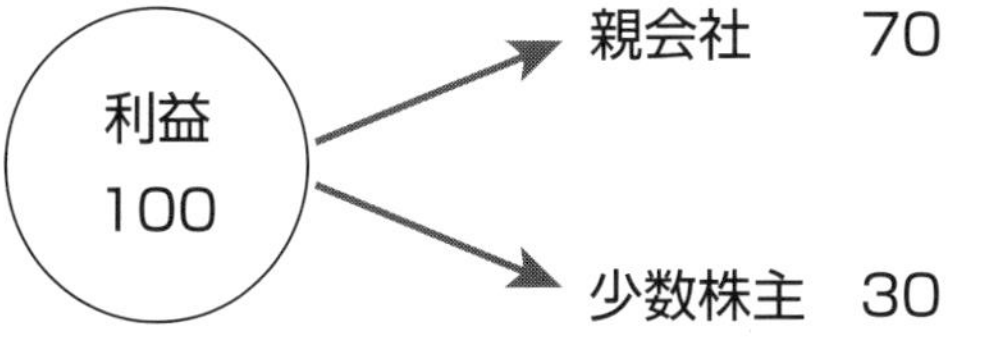

利益
100
親会社　70
少数株主　30

資本も損益も株式の割合で分配し、連結財務諸表に計上する

島耕作の働く初芝もまた、販売会社を子会社化している。

オペレーションをスムーズにするために初芝が株式を買い取って持株比率を51%とし他の販売会社の合計持株比率を49%としたこの比率は全国すべて同じである
初芝
51%
博多販売KK
北九州販売KK
久留米販売KK
柳川販売KK
田川販売KK
行橋販売KK
49%

連結の儲けと株主資本等変動計算書

連結損益計算書も個別損益計算書がわかれば読める。連結株主資本等変動計算書からは、企業集団の純資産項目の増減がわかる。

企業集団の儲けを表す連結損益計算書

連結損益計算書

連結損益計算書
自平成○○年○月○日
至平成○○年○月○日
(単位：百万円)

科　目	金　額	
売上高		○○○
売上原価		○○○
売上総利益		○○○
販売費及び一般管理費		○○○
営業利益		○○○
営業外収益	○○○	○○○
営業外費用	○○○	○○○
経常利益		○○○
特別利益		○○○
特別損失		○○○
税引前当期純利益		○○○
法人税、住民税及び事業税		○○○
少数株主利益		○○○
当期純利益		○○○
前期繰越利益		○○○
当期未処分利益		○○○

連結している子会社、関連会社の個別損益計算書と見比べれば、どの子会社が企業集団に貢献しているか、または足を引っ張っているかがわかる。

連結損益計算書には、子会社の少数株主と分配した、少数株主損益や、持分法で算出する関連会社の損益が計上される。

連結株主資本等変動計算書
(自平成○○年○月○日
　至平成○○年○月○日)

企業集団の過去から今に至るまでの、利益のストックをあらわす。個別財務諸表の株主資本等変動計算書と同じ役割をする。

(単位：百万円)

	株主資本					評価・換算差額等				新株予約権	少数株主持分	純資産合計
	資本金	資本剰余金	利益剰余金	自己株式	株主資本合計	その他有価証券評価差額金	繰延ヘッジ損益	為替換算調整勘定	評価・換算差額等合計			
	○○○	○○○	○○○	△○○○	○○○	○○○	○○○	○○○	○○○	○○○	○○○	○○○
			△○○○		△○○○							△○○○
	○○○	○○○			○○○							○○○
			○○○		○○○							○○○
				△○○○	△○○○							△○○○
		○○○		○○○	○○○							○○○
			○○○		○○○							○○○
						○○○	○○○	○○○	○○○	○○○	○○○	○○○
	○○○	○○○	○○○	△○○○	○○○	○○○	○○○	○○○	○○○	○○○	○○○	○○○
	○○○	○○○	○○○	△○○○	○○○	○○○	○○○	○○○	○○○	○○○	○○○	○○○

COLUMN

連結特有の科目、連結調整勘定

親会社と子会社には、親会社が投資した額と、子会社の資本は、集団企業内の取引なので相殺し、消去されるというルールがある。

実は、この額がまったく一致することは、子会社を設立するときぐらいにしかない。ほとんどの場合で、消去する際に差額が生じる。これが連結調整勘定だ。

ある会社Xが、A社を子会社にして、連結に組み込もうとしたとしよう。

A社の株式を一〇〇%取得するために、まずA社の資産と負債を時価評価する。たとえば、これが、一〇〇万円だったとすると、A社の価値は一〇〇万円だ。

X会社が二〇〇万円出してA社を買った場合、差額一〇〇万円が連結調整勘定となる。

X会社が、A社の価値より一〇〇万円多く支払うのは、A社を子会社にすれば、一〇〇万円分は稼いでくれると見込んでいるからだ。

子会社への期待が具体的な金額となって表れるのが、連結調整勘定だ。貸借対照表の勘定科目として計上される。

付き合った男が
どんどん出世していく
それが銀座の女の楽しみ
でもあるのね

A社（資本金70、剰余金30）

子会社株式 200	資本金	70
	剰余金	30
	連結調整勘定	100

A社の資本勘定を、資本金70、剰余金30と仮定する

前期末残高
当期変動額
剰余金の配当
新株の発行
当期純利益
自己株式の取得
自己株式の処分
その他
株主資本以外の項目の当期変動額（純額）
当期変動額合計
当期末残高

連結損益計算書は、会計期間での企業集団の活動結果を表す。

連結損益計算書も個別損益計算書と同様「売上高」「経常利益」などの区分は変わらない。

内容、見方も個別損益計算書とほとんど同じだが「当期純利益」の前に、「少数株主利益（または少数株主損失）」という連結特有の項目が設けられている。

連結キャッシュ・フロー計算書

企業集団の資金状況を表す連結キャッシュ・フロー計算書

2つの作成方法

個別キャッシュ・フロー計算書の作成方法は2つあった。連結キャッシュ・フロー計算書の作成方法も原則法と簡便法の2つがある。

原則法

親会社

子会社

子会社

個別のキャッシュ・フロー計算書を合算して作成。

合算

連結仕訳

簡便法

貸借対照表

損益計算書

連結貸借対照表、連結損益計算書をもとに作成。

連結財務諸表

連結キャッシュ・フロー計算書

（自平成○○年○月○日
至平成○○年○月○日）

営業活動によるキャッシュ・フロー

投資活動によるキャッシュ・フロー

財務活動によるキャッシュ・フロー

キャッシュの増加・減少額

キャッシュの期首残高

キャッシュの期末残高

営業活動
本業の営業活動で、いくらキャッシュを生み出し、使っているか。

投資活動
会社の将来のため、投資活動でいくらキャッシュを生み出し、使っているか。

財務活動
本業を補完する財務活動でいくらキャッシュを生み出し、使っているか。

これでキミは
初芝の経営陣の
一人になった
管理を
徹底してくれ

COLUMN

何も事業をしない純粋持株会社

連結財務諸表を充実させるため、親会社は、企業集団の頂点に立つことを考えながら、活動している。

さらに、親会社は、連結財務諸表を作り、企業集団全体の、お金の管理もしなければならない。

そのうえ、自ら事業をするとなると、親会社には相当の負担がかかる。

そこで最近、注目されているのが、純粋持株会社だ。

事業を一切行わず、他の会社の株式をもつだけの会社である。企業集団全体のお金の管理を集中させ、企業集団を、事業に専念させる。

親会社の負担が減るので、今後増えていく組織形態だ。

連結キャッシュ・フロー計算書は、会計期間での、企業集団の資金状況、キャッシュの流れを表す。

基本的に、一企業を対象とした、個別キャッシュ・フロー計算書と見方や内容は同じである。

連結キャッシュ・フロー計算書の作成には、原則法と簡便法の二つの方法がある。

原則法は、企業集団を形成する各社が、個別キャッシュ・フロー計算書を作成し、それらを合算し、企業集団相互間のキャッシュ・フローを相殺して求める。

簡便法は、連結損益計算書と、連結貸借対照表の増減額をもとにして作成する。

どちらで作成しても、キャッシュ・フローの情報は変わらない。

あとがき

ビジネスの世界には「決算書の壁」というのが存在するという。数字や聞き慣れない会計用語が並ぶ決算書を、読まず嫌いになっている人、貸借対照表、損益計算書、キャッシュ・フロー計算書と聞いて、不安に思う新社会人。彼、彼女らがぶつかっているのが、まさに「決算書の壁」だ。

島耕作も、いまでこそ取締役として、決算書を読みこなせるようだが、若いときから、決算書を読めていたわけではない。人知れずその壁にぶつかり、人知れず努力してきたのを、僕だけは知っている。

誰しもが、何かのきっかけや、必要に迫られることがあり、初めて決算書と向き合い、戸惑いながら読み方を覚えていくのだろう。

スキルアップという言葉も一般的となって、英会話やパソコンの技能の修得に励むビジネスパーソンも多いことだと思う。

決算書の読み方もスキルアップのひとつとして、ビジネスに携わる者は、覚えておいて損はないものだ。むしろ、覚えておかなければならない、必須のスキルであるとさえ、僕は思う。

日本の経済状況もここへきて、ようやく回復の兆しが見え始めている。しかし同時に、成果だけで評価される、シビアな時代が、本格的に到来している。

いま、ビジネスパーソンに求められるのは、会社から一刻も早く、自立することではないだろうか。これは何も、起業を促しているわけではなく、会社のなかで、常に向上心をもって仕事をするということだ。

決算書を読むことで、自社や取引先の経営状態を、客観的に把握できる。仕事の仕方が変わり、自分で考え、実行することが身に付く。自分のことだけでなく、自社や日本全体に目を向けられる広い視野ももつことができるだろう。

そのきっかけになるよう、できる限り、分かりやすく書いたつもりだ。「決算書の壁」を乗り越える踏み台になれば、望外の喜びである。

本書をまとめるにあたり、千代田パートナーズ会計事務所の今村正氏に、有益なアドバイスを頂戴した。ここに記し、厚く御礼申し上げたい。

弘兼憲史

二〇〇四年　三月

●取材協力

今村　正（千代田パートナーズ会計事務所　パートナー税理士）

東京都千代田区内神田1-14-5　NK内神田ビル3F

☎03-3233-1988

参考文献

『ウルトラ入門　決算書がたのしくわかる!』　石井清隆　（かんき出版）
『会計のことが面白いほどわかる本　会計の基本の基本編』　天野敦之　（中経出版）
『会計のことが面白いほどわかる本　新会計基準の理解編』　天野敦之　（中経出版）
『会計法規集』　（中央経済社）
『決算書がおもしろいほどわかる本』　石島洋一　（PHP文庫）
『決算書入門。』　高島博治　（総合法令）
『経営者のための決算書見どころ勘どころ』　渡邉敬夫　（税務研究会税研情報センター）
『商法による決算書の読み方』　浜田康　（日経文庫）
『数字が苦手な人の経営分析』　中西安　（PHP文庫）
『図解　決算書のしくみ』　植松亮　（東洋経済新報社）
『図解雑学　決算書のしくみ』　月岡義和　（ナツメ社）
『図解　よくわかる決算書の読み方』　栃木伸二郎　（ナツメ社）
『だいたいわかる「決算書」の読み方』　石島洋一　（PHP文庫）
『中小企業の会計35問35答』　中小企業庁財務課
『倒産粉飾を見分ける財務分析のしかた』　末松義章　（中央経済社）
『日本一やさしい決算書の学校』　（ナツメ社）
『日本一わかりやすい決算書の本』　大川浩臣　（PHP研究所）
『入門　決算書が面白いほどわかる本』　黒澤秀晟　（中経出版）
『ビジネステキスト　決算書入門』　辻敢・脇田良一　（日本経済新聞社）
『ビジュアル経営分析の基本』　佐藤裕一　（日経文庫）
別冊宝島625号『私でも面白いほどわかる決算書』　（宝島社）

変動費 77
変動費率 165
法人税、住民税及び事業税 88
法人税等調整額 90

ま

満期保有目的有価証券 45
無形固定資産 42
持分法 173

や

有価証券 44
有形固定資産 40
有利子負債 51

ら

利益 68
利益準備金 60
流動資産 30
流動性配列法 25
流動比率 146
流動負債 50
連結財務諸表 172
連結キャッシュ・フロー計算書 180
連結損益計算書 178
連結貸借対照表 176
連結調整勘定 179
労働生産性 154、156
労働分配率 158、160

わ

ワンイヤールール 25

損益計算書 18、66、68
損益分岐点 162
損益分岐点売上高 164
損益分岐点比率 166
損金 79

た

貸借対照表 16、24
退職給付引当金 57
たな卸資産 32、34
たな卸資産回転率・回転期間 136
短期借入金 50
注記表 94
長期借入金 53
直接金融 53
直接法 104
低価法 34
定額法 39
定率法 39
当期純利益 90
当座資産 31
当座比率 146
投資活動によるキャッシュ・フロー 106
投資等その他の資産 43
特別損益 66
特別損失 86
特別利益 86
特許権 42

は

売買目的有価証券 45
発生主義 71
バランス・シート 16
販売費及び一般管理費 76
引当金 56
費用 68
費用収益対応の原則 67
負債 28
フリーキャッシュ・フロー 112
粉飾決算 73

債務超過 151
財務レバレッジ 124
先入先出法 34
仕入債務回転率・回転期間 142
時価主義 27
自己株式 59
自己資本 17
自己資本利益率 124
自己資本比率 150
資産 26
実現主義 71
支払手形 50
資本 28
資本金 58
資本準備金 60
社債 53、54
収益 68
収益性分析 126
重要な会計方針 94
取得原価主義 27
純粋持株会社 181
少数株主 177
少数株主持分 177
商標権 42
剰余金 58
剰余金比率 151
賞与引当金 56
人件費 78
税効果会計 90
生産性分析 152
正常営業循環基準 25
税引前当期純利益 87
接待交際費 78
設備投資 108
総資本回転率・回転期間 134
総資本キャッシュ・フロー比率 131
総資本経常利益率 122
総平均法 34
その他流動資産 32
ソフトウエア 42

間接金融　53
間接法　104
関連会社　174
逆粉飾決算　73
キャッシュ　99
キャッシュ・フロー　98
キャッシュ・フロー計算書　20、98
キャッシュ・フローマージン　131
キャピタルゲイン　61
キャピタルロス　61
金銭債権　48
繰延資産　46
繰延税金資産　91
繰延税金負債　91
黒字倒産　21
経営安全額　163
経営安全率　166
計算書類　12
経常損益　67
経常利益　84
欠損金　151
減価償却　38
減価償却費　38
原価法　34
後発事象　95
効率性分析　132
子会社　174
子会社株式　43
固定資産　36
固定資産回転率・回転期間　138
固定性配列法　25
固定長期適合率　149
固定費　77
固定比率　148
固定負債　52
個別財務諸表　172

さ

財務活動によるキャッシュ・フロー　110
財務諸表　12

さくいん

あ

ROE 124
ROA 123
後入先出法 34
粗利 74
安全性分析 144
１年基準 25
受取手形 30
売上原価 72
売上債権回転率・回転期間 140
売上総利益 74
売上高 70
売上高営業利益率 129
売上高経常利益率 130
売上高総利益率 128
売掛金 30
営業外収益 82
営業外損益 67
営業外費用 82
営業活動によるキャッシュ・フロー 102
営業権 42
営業損益 67
営業利益 80
益金 79
親会社 172

か

買掛金 50
会議費 79
回転期間 132
回転率 132
貸方 16
貸倒引当金 48
課税所得 89
株主資本 124
株主資本等変動計算書 92
株主資本利益率 124
借方 16
勘定科目 13

弘兼憲史（ひろかね　けんし）

1947年山口県生まれ。早稲田大学法学部卒。松下電器産業（現パナソニック）販売助成部に勤務。退社後、74年漫画家デビュー。以後、人間や社会を鋭く描く作品で、多くのファンを魅了し続けている。小学館漫画賞、講談社漫画賞の両賞を受賞。家庭では二児の父、奥様は同業の柴門ふみさん。代表作に『課長　島耕作』『部長　島耕作』『加治隆介の議』『ラストニュース』『黄昏流星群』ほか多数。『知識ゼロからのワイン入門』『さらに極めるフランスワイン入門』『知識ゼロからのカクテル＆バー入門』『知識ゼロからのビジネスマナー入門』（幻冬舎）などの著書もある。

装幀　亀海昌次
装画　弘兼憲史
本文漫画　『ヤング　島耕作』『課長　島耕作』『部長　島耕作』
『取締役　島耕作』（講談社）
本文イラスト　押切令子
本文デザイン　バラスタジオ（高橋秀明）
校正　寺尾徳子
編集協力　西　一
オフィス201（新保寛子　田中庸一）
編集　福島広司　鈴木恵美（幻冬舎）

知識ゼロからの決算書の読み方

2004年３月10日　第１刷発行
2020年３月15日　第24刷発行

著　者　弘兼憲史
発行人　見城　徹
編集人　福島広司

発行所　株式会社 幻冬舎
〒151-0051　東京都渋谷区千駄ヶ谷4-9-7
電話　03-5411-6211（編集）　03-5411-6222（営業）
振替　00120-8-767643
印刷・製本所　株式会社 光邦

検印廃止

ISBN4-344-90055-3 C2033
Printed in Japan
幻冬舎ホームページアドレス　https://www.gentosha.co.jp/
この本に関するご意見・ご感想をメールでお寄せいただく場合は、comment@gentosha.co.jpまで。